中国名村志文化工程
Culture Project of Local Records of China's Famous Villages

麻扎村志

LOCAL RECORDS OF MAZHA

新疆维吾尔自治区鄯善县吐峪沟乡麻扎村志编纂委员会　编

方志出版社
Publishing House of Local Records

图书在版编目（CIP）数据

麻扎村志 / 新疆维吾尔自治区鄯善县吐峪沟乡麻扎村志编纂委员会编．-- 北京：方志出版社，2017.12

（中国名村志丛书）

ISBN 978-7-5144-2825-4

Ⅰ.①麻… Ⅱ.①新… Ⅲ.①村史—鄯善县 Ⅳ.①K294.55

中国版本图书馆 CIP 数据核字（2017）第 313601 号

·中国名村志丛书·

麻扎村志

编　　者：新疆维吾尔自治区鄯善县吐峪沟乡麻扎村志编纂委员会
责任编辑：董　琳

出 版 人：冀祥德
出 版 者：方志出版社
地址　北京市朝阳区潘家园东里 9 号（国家方志馆 4 层）
邮编　100021
网址　http://www.fzph.org
发　　行：方志出版社图书经销中心
电话　（010）67110500
经　　销：各地新华书店
排　　版：北京纺印图文设计制作有限公司
印　　刷：北京中科印刷有限公司

开　　本：787 × 1092　　1/16
印　　张：15.75
字　　数：278 千字
版　　次：2017 年 12 月第 1 版　　2017 年 12 月第 1 次印刷

ISBN 978-7-5144-2825-4　　**定价**：126.00 元

◉ 序一

连绵不断地编修地方志是中国独有的优秀文化传统，承担着赓续文明、传承文化的重任。保存至今的8000余种、10万余卷历代方志，蕴含着传统文化基因和海量文化信息，既是中华优秀传统文化的重要组成部分，又是传承、彰显中华优秀传统文化的重要载体。

在各种类型的地方志编纂中，村志编纂古已有之，但从未进入国家层面的地方志编纂序列。新中国成立以来，党中央、国务院高度重视包括村志编纂在内的地方志工作，出台了重要文件。中央领导发表了重要讲话、作出了重要批示。习近平总书记高度重视包括村志编纂在内的地方志工作。2004年10月，他在担任浙江省委书记时到江山市凤林镇白沙村考察，看到村民编纂的《白沙村志》，鼓励村民把村志继续编纂下去。2014年4月，刘延东副总理在与第五次全国地方志工作会议部分会议代表座谈时指出："要结合发展的新形势，加强对地方志包括部门志、行业志、专题志、乡镇村志编纂的业务指导和服务。"2015年8月，国务院办公厅印发的《全国地方志事业发展规划纲要（2015—2020年）》，正式将中国名村志文化工程列为主要任务之一。2017年5月，中共中央办公厅、国务院办公厅印发的《国家"十三五"时期文化发展改革规划纲要》指出："完成省、市、县三级地方志书出版工作。开展旧志整理和部分有条件的镇志、村志编纂。"可以说，村志编纂迎来了历史上的最好时期。

农业、农村、农民"三农"问题，是数千年来影响中国社会发展最核心的问题。中共中央高度重视"三农"工作，从2004年起，连续13年，每年的中央1号文件都聚焦"三农"。中共十九大报告更是提出"农业农村农民问题是关系国计民生的根本性问题，必须始终把解决好'三农'问题作为全党工作重中之重"，特别是提出了"乡村振兴战略"，这是中国共产党在中国特色社会主义进入新时代后，对农村发展问题所做出的准确把握和与时俱进的战略应对，是建设中国特色社会主义强国战略的重要组成部分。改革开放近40年来，在党中央、国务院高度重视社会主义新农村建设的新形势下，各地涌现出一大批历史文化名村、经济强村、新农村建设示范（试点）村、美丽乡村和特色村，成为先进生产力和先进文化的代表。客观记录中国农村全面建成小康社会的进程，向后人展示在中国共产党领导下农村千年未有的巨变，是地方志工作者肩负的光荣而重大的历史使命。编纂中国名村志丛书，是记载当代中国农村发展变革的重要途径。

文化寻根，寻的是其发展的源头和根基。村落是中国传统文化的根基所在。农村的生产生活方式、社会规范、宗族文化、宗教文化、民风习俗、传统节日、民间艺术等，无不镌刻着中国人独特的民族性格，这就是家国情怀、文脉绵延、精神归属。在快速城镇化进程的冲击和开发性破坏下，大量传统村落面临消亡的危机，村落蕴含的历史文化信息也流失殆尽，抢救性保护刻不容缓。编纂中国名村志丛书，是保存村落历史文化信息，抢救、保护村落文化最好的方式。

一方水土养一方人。家乡的山水草木、村间小巷、乡俗民情会在每个人心头留下深刻的烙印，这就是故土情结。而村落的形成与发展离不开人的活动。编纂中国名村志丛书，通过记述村落建筑、名门望族来追溯村落的历史；通过记述村落规模、布局、人口、物产等反映人口来源、宗族兴衰、生活习惯、文化背景、宗教信仰、经济发展等，体现环境与人相互影响、相互作用、相互发展的既矛盾又统一的关系；通过记述戏剧、音乐、舞蹈、美术、文学、手工技艺等文化形式，展示百姓在长期的生产生活实践中摸索和总结出的智慧结晶，强化人们沟通感情的纽带。编纂中国名村志丛书，是传承乡俗、诉说乡音、记住乡愁、纾解乡思，激活历史传统、唤起共同文化记忆、塑造共同心灵认同的重要文化工程。

中国名村志文化工程以践行文化自信、传承中华文脉、彰显时代发展为己任，以打造全国地方志系统的重要品牌为目标，在体裁运用、篇目设置、资料选择等方面进行大量的创新，突出“名”和“特”，拣选各个名村中最值得记述、最具有代表性的人、事、物，予以浓墨重彩的描画，从而形成系列的、高质量的、可读性强、雅俗共赏的地方志读本，让地方志紧接地气、贴近百姓，让地方志成果进入寻常百姓家，让人民群众共享地方志成果，让越来越多的人从地方志中感知传统、历史和记忆，成为传统村落和传统文化的守护者，成为中华优秀文化的传承者。

是为序。

中国社会科学院院长
中国地方志指导小组组长　王伟光
2017年11月

◉ 序二

习近平总书记指出："让居民望得见山，看得见水，记得住乡愁。"这句富有诗意的重要论述不仅唤醒了中国人城镇化建设过程中对于人和自然关系、人和历史关系的思考，同时也引发了学界对"乡愁"进一步进行文化意义解读的兴趣。从本质上看，乡愁是一种源自主体体验的情感，隐含了一种人们带着乡愁追寻自我生存与生命意义、追寻诗意栖居的精神家园的美学思辨。同时，这种追寻自我生存的主体逐渐转向大众群体，乡愁也由传统单一的"文化乡愁""爱国情怀"演变为对于"理想家园"的精神追求。

中国有近 60 万个村庄，约有 5000 个古村落，被住房城乡建设部和国家文物局界定的传统村落就有 1561 个。随着中国城镇化步伐的加快，乡村的版图日渐凋敝，大批农村青壮年劳动力走进城镇，融入了新的生活。然而，每逢传统佳节，那种挥之不去的离愁别绪挟裹着亿万农民工，又融入了返乡的滚滚洪流。这是乡愁的情愫牵动着他们，是故乡的山、故乡的水、故乡的老屋、故乡的小吃在牵动着他们，是故乡家家户户的楹联和口口相传的故事，以及只有在隆重的传统佳节才有的古老的民风习俗在牵动着他们。

文化可以体现一个民族、一个国家、一个社会的重量与体温，这是文化的力量之所在，而村落是传统中国的根脉所系，乡土社会是最能够体现中国传统文化特征的地方。梁漱溟曾指出："中国文化是以乡村为本，以乡村为重，所以中国文化的根就是乡村。"我曾在《建设社会主义新农村的理论与实践》一书中指出，在新农村建设的过程中，必须"保护和发展有地方和民族特色的优秀传统文化，创新农村文化生活的载体和手段，满足农民群众多层次、多方面的精神文化需求"，而编纂村志尤其是实施中国名村志文化工程就是一个重要举措。实施中国名村志文化工程，编纂中国名村志丛书，以最基层的村落为研究对象，寻根传统村落的历史，梳理村落的发展脉络，以唤起人们的归属感和认同感，探索新型城镇化和社会主义新农村建设过程中，如何留住乡音、乡风、乡思，继承传统文化精华，挖掘丰富历史智慧，是贯彻落实中央城镇化工作会议精神和中共十九大提出的“乡村振兴战略”的重要举措，是当前和今后一个时期全国地方志工作者的重要工作。

虽然村落文化正在日益远离当下生活，但我们可以抓住诸如基本村情、文物胜迹、古村保护、特色文化、旅游名胜、村域经济、风土民情、村民生活、新农村建设、艺文杂记、名人与名村等关键内容，通过志书的手法来诠释乡村文化的精华。我们如实记录着村落里的人和事，以及青山绿水、小河大树、袅袅炊烟，力争以最完整、最原真的方式呈现村落的前世今生。我们要为“迷失”的人留住乡村文化的根脉，让人们难以割舍的乡愁得以慰藉和释放。

中国名村志文化工程将触角伸向那些极具代表性的村落，它们有的历史悠久、名人辈出，有的经济腾飞、重获新生，有的风景秀丽、景观独特，有的地处边陲、神秘莫测……我们挖掘中国不同类型村落的发展之路，为探索新型城镇化和社会主义新农村建设的发展经验、发展模式、前进道路提供历史智慧和现实借鉴。因此，打造以重在表现乡村嬗变为主旨的中国名村志丛书十分必要和迫切，这是一项功在当代、利在千秋的文化工程。

近年来，随着中国经济社会的发展和国际地位的提高，越来越多的人想要认识中国、了解中国、研究中国。在这样的形势下，乡村是不可或缺的一环，我们要集中讲好发生在乡村的故事，向世界呈现一个多元的、立体的中国。乡村历经岁月变迁的风雨，见证着改革开放的步伐，寄托着数代中国人的情感。发生在乡村的故事无疑是血肉丰满的、震撼人心的、引起共鸣的。我们应该有这个自信能够讲好乡村故事，讲好中国故事，描绘出中国的底色，“让每一个中国人都能在地方志中找到自己的位置”。

可喜的是，越来越多的有识之士认识到了这一点，加入到保护、传承、发展村落文化的队伍中来。仅就编纂中国名村志丛书来看，第一批的申报范围就涵盖包括香港特别行政区在内的32个地区，申报数量高达70余部。“直笔著信史，彰善引风气，为当代提供资政辅治之参考，为后世留下堪存堪鉴之记述”，这是我们的初心和使命。希望中国名村志文化工程的实施，能够带动更多的人关注中国乡村文化，为社会主义文化强国建设作出更大的贡献。也希望越来越多的名村都来融入继承中华文化传统、颂扬中华传统文化的活动中，让正能量更多地润泽温暖人们的心灵，让更多的人“记得住乡愁”！

是为序。

中国社会科学院副院长
中国地方志指导小组常务副组长 李培林
2017年11月

◉ 中国名村志文化工程专家委员会

名 誉 主 任 徐匡迪

主　　　任 王伟光

常务副主任 李培林

委　　　员（按姓氏笔画排序）

毛其智　叶裕民　李　铁　李善同　杨保军　柳　拯

倪鹏飞　魏后凯

◉ 中国名村志文化工程学术委员会

主　　　任 李培林

常务副主任 冀祥德

副 主 任 刘玉宏　邱新立

委　　　员（按姓氏笔画排序）

于伟平　王　晖　王铁鹏　巴兆祥　田　嘉　苏炎灶

李　江　李孝聪　张大伟　张英聘　陈泽泓　陈　强

◉ 新疆维吾尔自治区鄯善县吐峪沟乡麻扎村志编纂委员会

主　　任　孙　忠

副 主 任　艾尔肯·买买提　戴敬锋　胡元凯

　　　　　吾斯曼·艾力尼亚孜

委　　员　（按姓氏笔画排序）

　　　　　王　强　王道成　朱建江　刘富安　顾永华

　　　　　刘　琳

◉ 新疆维吾尔自治区鄯善县吐峪沟乡麻扎村志编纂人员

主　　编　刘　琳

编　　辑　刘智元　蒋玉梅　黄春梅

特约编辑　陈有赋

摄　　影　黄　彬　李保民　季　节

图片提供　吐峪沟乡人民政府　旅游文物局等

初春时的“新旧”密语　　季节　摄

◉ 中国名村志丛书凡例

一、以马克思列宁主义、毛泽东思想、邓小平理论、“三个代表”重要思想、科学发展观、习近平新时代中国特色社会主义思想为指导，坚持辩证唯物主义和历史唯物主义的立场、观点和方法，存真求实，全面、客观、系统记述我国村落发展变化进程和改革开放成果，传承和抢救乡土历史文化，激发爱国爱乡情怀，为探索中国特色新型城镇化建设、社会主义新农村建设的发展经验、发展模式、前进道路提供历史智慧和现实借鉴。

二、为全面反映入志事物发展脉络，各志上限尽量追溯至事物发端；下限一般断至各村志启动编修年份，个别重大事项可延至搁笔。

三、记述地域范围以下限年份的行政辖区为主。为体现名村在更大区域内的意义，可以从更开阔的区域视野记述与该村相关的内容。

四、统一采用纲目体，设类目、分目、条目三个层次。横排门类，纵述史实。除《中国名村志丛书基本篇目》要求的必设类目外，其余类目根据各村实际，依照突出时代特色、地方特色的原则自行安排。

五、综合运用述、记、志、传、图、表、录等各种体裁，以志体为主。

六、除引用文字和附录文献资料外，统一使用规范汉字及现代语体文记述体。记事坚持秉笔直书、述而不作，只记事实，不作评论，寓观点于材料之中。行文力求朴实、严谨、简洁、流畅、优美，具有较强可读性。

七、人物部类遵循“生不立传”原则，人物传主按生年排序，只选录对本村发展有重大影响的人物，不面面俱到。

八、所需数据一般采用政府统计部门数据，无政府统计部门数据时选用主管部门正式提供的数据。

九、数字用法、标点符号、计量单位分别执行国家标准《出版物上数字用法》（GB/T15835—2011）、《标点符号用法》（GB/T15834—2011）、《国际单位制及其应用》（GB3100—1993）和《有关量、单位、符号的一般原则》（GB3101—1993）。历史上使用的计量单位，如斗、石、里、尺、磅、华氏度等，在引文时可照录。考虑到社会使用习惯，全书中亩不统一换算，1 公顷＝ 15 亩。

十、自中华民国成立后的纪年，均使用公元纪年。志中所称“解放前（后）”，以当地解放日为界；“新中国成立前（后）”，以中华人民共和国成立日 1949 年 10 月 1 日为界；“改革开放前（后）”，以中共十一届三中全会召开的 1978 年 12 月为界。本志“×× 年代”，凡未加世纪者，均指 20 世纪的年代。

十一、为节省篇幅，避免重复，本志采用条目互见法。参见条目的表示形式为：参见本志“×× 类目 · ×× 分目 · ×× 条目”。

十二、对旧志、古籍中的繁体字、冷僻字一般用简化字或通用字替换，易引起误解的则保留。

十三、记述各个历史时期的党派、机构、职务、地名等，均以当时的名称为准。对频繁使用的名称，首次用全称，其后用简称。

十四、各村志需要单独说明的事项，均在各自编纂始末中记述。

麻扎村在中国的位置

乌鲁木齐
麻扎村
鄯善
新疆维吾尔自治区
西藏自治区
拉萨
青海省
西宁
甘肃省
兰州
宁夏回族自治区
银川
内蒙古自治区
呼和浩特
黑龙江省
哈尔滨
吉林省
长春
辽宁省
沈阳
北京
北京市
天津
天津市
河北省
石家庄
山西省
太原
陕西省
西安
山东省
济南
河南省
郑州
江苏省
南京
安徽省
合肥
上海
上海市
浙江省
杭州
湖北省
武汉
四川省
成都
重庆
重庆市
湖南省
长沙
江西省
南昌
福建省
福州
贵州省
贵阳
云南省
昆明
广西壮族自治区
南宁
广东省
广州
香港
澳门
海南省
海口
海南岛
台湾省
台北
台湾岛
钓鱼岛
赤尾屿
东沙群岛
西沙群岛
永兴岛
中沙群岛
黄岩岛
南沙群岛
曾母暗沙
渤海
黄海
东海
南海
黄河
长江
图例
北京 首都
天津 省级行政中心
未定 国界
省、自治区、直辖市界
特别行政区界
名村所在县级区域
名村
1：32 000 000
审图号：GS（2017）3697号

麻扎村在新疆维吾尔自治区的位置

审图号：GS（2017）3697 号

麻扎村平面示意图

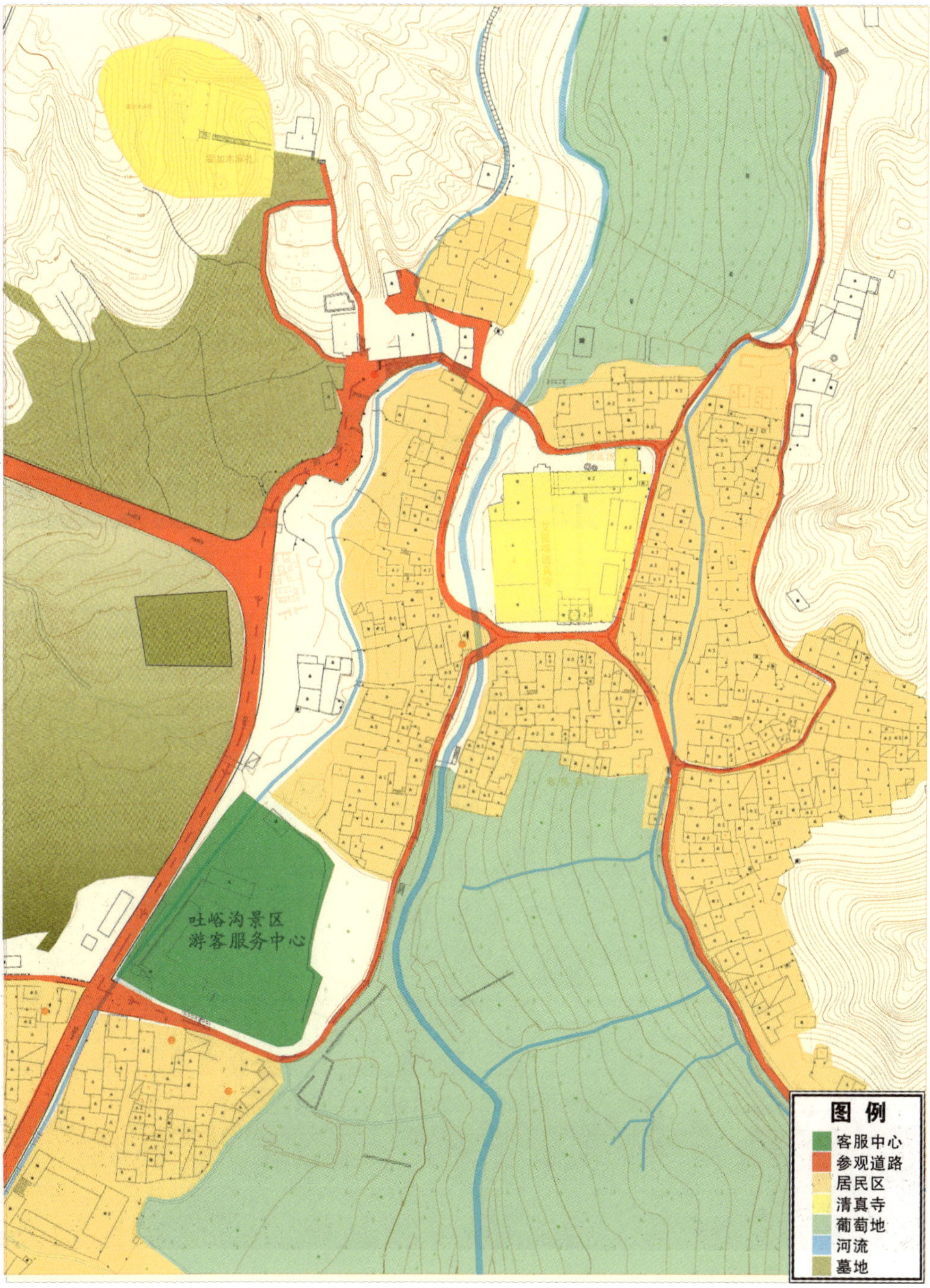

古村印象　　　　李保民　摄

俯瞰麻扎村（古村盛夏）　　　　黄彬　摄

山映“杏”福　　黄彬　摄

古村道路

古村拌面　　黄彬　摄

中国历史文化名村等称号

少数民族特色村寨保护与发展国家民委试点村牌匾

中国历史文化名村牌匾

吐峪沟石窟寺被评为全国重点文物保护单位

中国少数民族特色村寨牌匾

黄黏土民居

象征以“和”为贵的壶形雕塑

峡谷南口的古村落

季节 摄

◉ 目录

魅力麻扎村

火焰山南麓的鄯善县吐峪沟乡麻扎村，拥有悠久的历史，早在新石器时代就有人类活动，也是历史上一个多民族共融、多文化并存的地方。村北的吐峪沟石窟寺，古村内遗存的民居文化，独特的民俗风情，都为偏于一隅的麻扎村增添了无穷魅力。

村角土黄整村浓，桑杏婀娜歌舞盛。麻扎村不仅深受多种文化的影响，也是民俗特色浓郁的和谐安宁之地。

一

古丝绸之路的辉煌已经湮没在历史的尘埃中，但火焰山南麓的吐峪沟大峡谷口，枝繁叶茂的桑树似乎依旧闪动着千年前的阳光，树荫下映射着斑斑驳驳的黄黏土房的影子。这就是千年土庄——新疆维吾尔自治区吐鲁番市鄯善县吐峪沟乡麻扎村。

在约2800年前，吐峪沟南谷口也就是现在的麻扎村，人丁兴旺，文明程度很高。汉武帝元封三年（前108），西汉为削弱北方劲敌匈奴在西域的势力，打开通往西方的通道，发兵击楼兰、破车师。汉神爵二年（前60），麻扎村随车师前部正式纳入中华版图。北魏太平真君三年（442），沮渠无讳攻占高昌，翌年建立高昌沮渠政权，麻扎村隶属之。此后，麻扎村一带先后归属阚氏、张氏、马氏、麴氏等四个高昌政权。唐贞观十四年（640），唐平定麴氏高昌国，翌年改置高昌为西州，麻扎村随属西州。唐贞元八年（792），西州为吐蕃所破。唐咸通七年（866），北庭一带的回鹘人在首领仆固俊的带领下攻克西州，建立高昌回鹘王国，麻扎村随属之。明洪武二十二年（1389），秃黑鲁·帖木儿之子黑的儿火者继位为东察合台汗国之汗，加紧了对吐鲁番地区的扩张，以武力攻占吐鲁番盆地，并强制当地居民信仰伊斯兰教。清雍正十年（1732），为躲避漠西蒙古准噶尔部的袭扰，麻扎村域居民跟随额敏和卓东迁瓜州。23年后，麻扎村的居民又随额敏和卓回迁。

◉ 二

麻扎村是一个古老的村落。村北的吐峪沟石窟寺在历史上曾具有重要的地位和影响。2006年，吐峪沟石窟寺被列为全国重点文物保护单位。2007年，吐峪沟石窟寺被列入丝绸之路申报世界文化遗产预备名录。2010年，中国社会科学院考古研究所、北京大学考古文博学院、吐鲁番学研究院、龟兹石窟研究院组成联合考古队开始对吐峪沟石窟寺遗址群进行全面科学的考古调查和发掘，并获得了重大成果。吐峪沟石窟群和佛寺遗址被评为2010年度中国十大考古新发现。目前，对吐峪沟石窟寺的保护与发掘仍在继续。

麻扎古村落曾存在过一个喧闹的世界。古车师国时期，麻扎村商业很繁荣，各地来往的客商络绎不绝。现存的纯生土建造的古民居，是麻扎村先民智慧的结晶。据考证，在两晋南北朝之前，麻扎村先民们根据当地的自然环境和生存需要，就地取材，巧妙地利用黄黏土造房，采用掏、挖、砌、垒等多种形式建成了大小高低不同的民居。这些民居最古老的已经有300多年的历史了。只可惜，麻扎村内的生土建筑经受不住洪水和地震的侵袭，部分古民居已损毁。尤其是村北火焰山坡顶的王家寺院——丁谷寺也因地震坍塌而损毁，如今山顶只留下丁谷寺的残垣断壁。

◉ 三

千百年来，麻扎村的人们繁衍生息，随着历史变迁、文化交融，古老的麻扎村神秘的面纱逐渐被揭开。

麻扎村民十分钟爱桑树，房前屋后都会栽种上桑树。流转于麻扎村内，纵横穿越的小渠在房前屋后伸展，桑树、葡萄、杏树等散发着淡淡的芬芳，尤其是百年的老桑树，枝蔓纠缠却依然苍翠挺拔。桑树下，年逾古稀的老人，捋着长长的白胡子喃喃自语；清渠边，身着艳丽服饰的妇女，浣洗着衣服上那一抹抹古香尘土；小道上，光着脚丫的顽童，嬉戏追逐着空中的飞絮……越往村里走，越能感受到远离尘嚣的静谧。麻扎村民总是透着发自内心的和善，从古老的木门里偶尔会探出一张友善的面孔，他们或和蔼慈祥，或真诚友好，或充满朝气，或天真无邪，遇到陌生人总是微笑点头示意，脸上始终洋溢着平静、自足、幸福的神情，给人以纯朴、悠闲、淡然的深刻印象，令人不知不觉中沉静下来。

与其他地区山清水秀或小桥流水的景致迥然不同，麻扎村是火焰山秃山秃岭中的一片绿洲。古村依山傍水，一条不宽的小渠穿村而过，纯生土建造的村落在绿树的衬托下，犹如一幅画。为此，新疆摄影家协会、新疆国画院先后把麻扎村列为写生、创作基地，有关麻扎村的艺术作品遍布大江南北。火焰山中的神秘山谷——吐峪沟大峡谷静静地躺在村北，最让人惊叹的是山体色彩随天气阴晴雨雾变幻出万千色调，两岸高山雄奇险峻，峰峦叠起，在强光照射下，色彩斑斓，熠熠生辉。从谷底向上仰视，怪石奇峰千姿百态，或壁立如屏，或刀削如砥，或突兀如柱，或气势如虹，时而像飞龙腾空，时而像野驼奔驰，时而如顽猴嬉戏……步入谷底，足下山道弯弯，流水潺潺，芳草如茵，树影婆娑，山涧小溪顺着山谷蜿蜒向南流去，不仅形成了美如画的独特风景，也流淌出了这片热土孕育的文明。

◉ 四

麻扎村民以孝为大，以孝为荣，只要父母没有去世，儿子通常与父母住在一起，方便时刻照顾，除非家中房屋不够住，父母同意后，先成家的儿子才能另立锅灶。因而，麻扎村四世同堂的现象很普遍，很多都是大家庭，几个孩子与父母、爷爷奶奶同住。而且，家中的大小事务一般听询长者决定。尽管家庭人口多，但成员之间却十分团结和睦。

麻扎村民单纯质朴，大多与外界交往不多。即便是一些经常在外的商人，也保持着麻扎村人特有的纯朴，致富后都以帮扶村民为己任。走入麻扎村，经常看到经营玉石或农副产品的摊位无人看守，找寻之后才发现主人到里屋休息或办理其他事情了，问之不担心别人顺手拿走物品吗？答曰：不担心，如果有人真心想买，会主动找人询问。在麻扎村，不用担心有奸猾狡诈的行为，因为麻扎村民一直选择与纯朴善良为伍。麻扎村人追求简单质朴的生活，不仅体现在为人行事上，也体现在饮食上。麻扎村民家常做饭一般不用过多的调料，唯一常用的就是食盐，但即便没有复杂的佐料搭配，麻扎村民照样可以做出美食，让人在享受原汁原味的同时，更能品尝到质朴和幸福的味道。

麻扎村民认为庭院是家园最幸福的地方，因此珍爱庭院如同珍爱家庭一般。每天清晨妇女们要做的第一件事情就是手提水桶泼洒庭院，把自家庭院内外清扫干净。每户村民的庭院都会放置一两张大床，用于休闲聊天或劳作回家后休憩。同样地，麻扎村离异或夫妻感情不和的现象很少，总是一副其乐融融的景象。尽管多数人并不算富裕，可村民之间都相互扶持，邻里之间和谐融洽，谁家做了什么美食，总要先送给邻里品尝。哪个家庭要办婚丧事，周围邻居总是及时送去各种吃食。谁家有困难，大家也是尽力帮扶。

随着吐峪沟景区的开发，麻扎村民开门迎客，当你走入他家，坐上他的炕头，村民总是第一时间奉上热茶，拿出馕、馓子、葡萄干等食物招待客人。

麻扎村民热爱生活，崇尚休闲，加上淳朴的民风、质朴的生活状态、始终不变的热情，让人感受到世间的宁静与美好。

◉ 五

新中国成立前，麻扎村多数村民为贫苦出身的佃农，依靠租赁土地或出卖劳动力生存。新中国成立后，麻扎村民的生活发生了很大的变化，村民拥有了土地，不再受地主阶级的剥削。作为紧俏商品的葡萄和葡萄干，维持着麻扎村民的衣食住行。土地承包到户后，村民的生产积极性高涨，但受技术管理水平的限制，葡萄亩产值不高。20 世纪 90 年代后，麻扎村周边村镇陆续大面积发展无核白葡萄，麻扎村的葡萄种植优势式微。加之麻扎村人均土地不足 0.5 亩，全村经济发展举步不前，麻扎村由此被列为新疆维吾尔自治区贫困村。此后，在区、市、县三级党和政府的领导和支持下，麻扎村民人均占有耕地不断增加。特别是进入 21 世纪后，县乡两级政府强力改造百年老葡萄园，引导支持村民实施科学管理，并积极开展靓丽庭院、文体竞演、美食评比等活动，促使村民转变观念，崇尚科学。在持续不懈的努力下，麻扎村民从最初不愿从旧居搬出、不愿到相对较远的地方耕种土地，到现在渴望搬迁新居、想多要土地、想方设法增收致富。吐峪沟景区开发后，当地党委、政府积极引导村民发展农家乐、农副产品销售，不断拓展麻扎村旅游资源，促使农村经济发展步入快车道。2016 年，麻扎村民人均收入达 9626.3 元，比 1996 年增长 10 倍以上，比 1990 年翻三番以上。村内拥有汽车的家庭有 40 户，摩托车、电动车户户具备。

新中国成立前，麻扎村通往外界的道路只有土路，村民饮用水单纯依赖从吐峪沟大峡谷流出的苏贝希河水。新中国成立后，当地党委、政府先后修通了麻扎村通往外界的公路。2015 年，又建成吐峪沟景区至吐鲁番高昌故城旅游专线，交通环境得到改善。20 世纪 90 年代中期，为了改善麻扎村人畜饮水环境，当地党委、政府在麻扎村南邻的英买里村建水塔，为麻扎村、英买里村、吐峪沟夏村三个村供应自来水。进入 21 世纪，又将麻扎村自来水管线整体并入山南自来水供应管网，并修建了抗震安居富民新区，建立了农村双语幼儿园和卫生院，极大地改善了村民的生活条件。同时，麻扎村也先后得到社会各界的大力扶持，尤其是进入 21 世纪，联系麻扎村的吐鲁番市中级人民法院、市水利局、新疆瓜果研究中心等机关企事业单位通过资金帮扶、思路帮扶、技能帮扶、就业帮扶等多种措施支持麻扎村脱贫致富，使村民受益。

麻扎村犹如一本厚重的史书，融历史、文化、风情和自然景观为一体。只有亲身梳理过吐峪沟石窟寺的历史脉络，亲自领略过吐峪沟大峡谷的自然奇观以及古老的村落文化和浓郁的民俗风情，才能读懂麻扎村的丰富内涵，才能真正领悟到麻扎村的独特魅力。

古村览要

麻扎村独特的自然环境、地理区位、历史文化、黄黏土民居等元素，共同铸就了麻扎村作为“中国历史文化名村”“中国传统村落”“国家少数民族特色村寨”的丰富内涵。麻扎村曾经繁华过、落寞过，如今正焕发出前所未有的勃勃生机，朝着小康社会的目标奋勇前进。

麻扎村是新疆吐鲁番市鄯善县吐峪沟乡的一个自然村，位于火焰山中段、吐峪沟大峡谷南谷口，是一个传统的古村落。

◉ 区位　建置

区位　麻扎村地处新疆维吾尔自治区吐鲁番市鄯善县吐峪沟乡火焰山脚下，向东、向西延伸均为火焰山山体及山前洪积扇坡地，南隔 3 千米洪积扇和砾石戈壁与洋海村相望，北隔火焰山与苏贝希村相邻，地理坐标为北纬 42° 51′ 5″、东经 89°41′5″。麻扎村是吐峪沟乡的一个自然村，全村总面积约 24 万平方米。麻扎村是新疆现存最古老的村落之一，村内保存有大量的传统民居，主要是黄黏土生土建筑，堪称中国千年土庄。

麻扎村所在的吐峪沟景区是吐鲁番旅游东线的重要一环，其西南 13 千米为高昌故城，西北为吐鲁番柏孜克里克千佛洞，东南 20 余千米为鲁克沁镇柳中古城景点，向东北 40 千米为库木塔格沙漠景区。

麻扎村地处火焰山中段，交通地理优势十分明显，是连接鄯善县与高昌区以及火焰山南北的重要枢纽之一，东到鄯善县城 41 千米，西到吐鲁番市 46 千米，北距 312 国道 9 千米、距 G30 连霍高速公路 10 千米，距离新疆维吾尔自治区首府乌鲁木齐市 240 千米。

历史沿革　麻扎村历史悠久绵长。早在新石器时代，麻扎村及周边就有人类在此繁衍生息。距今约3000年前，这里生活的是姑师人。西汉时期，姑师人改称车师人。汉武帝征和四年（前89），车师王降服，向汉朝称臣，车师由此分裂为车师前国和车师后国，麻扎村属车师前国。

汉神爵二年（前60），西汉王朝在轮台设立西域都护府，麻扎村随车师前部正式纳入中华版图。随着汉朝戊己校尉的设立，屯民数量的增加，戊己校尉便由交河移至高昌壁，由汉西域都护府统辖。此时的麻扎村隶属于高昌壁，称“丁谷口”。

两晋灭亡后，前凉张氏政权为安置大批中原移民，在高昌设郡，麻扎村随属高昌郡。北魏太平真君三年（442），沮渠无讳攻占高昌，翌年建立割据政权，麻扎村归属高宁县。之后高昌历经阚氏、张氏、马氏、麴氏四个王朝。麴氏高昌国时期，麻扎村为田地郡（今鲁克沁镇）高宁县所在地。

唐贞观十四年（640），唐平定麴氏高昌国，翌年改置高昌为西州，建立州、县、乡（坊）三级管理制度，麻扎村归属柳中县（今鲁克沁镇）高宁乡。唐贞元八年（792），西州为吐蕃所破，麻扎村随属吐蕃。唐咸通七年（866），北庭一带的回鹘人在首领仆固俊的带领下击败吐蕃，攻克西州，建立高昌回鹘王国，麻扎村随属高昌回鹘国。

辽时，麻扎村随高昌回鹘国属辽。宋兴，又向宋称臣。蒙元立国，又隶属之。元至正七年（1347），成吉思汗后裔秃黑鲁·帖木儿以阿克苏为中心建立东察合台汗国，并将势力逐渐向吐鲁番盆地扩散。明洪武二十二年（1389），秃黑鲁·帖木儿的幼子黑的儿火者即位。黑的儿火者在任期间，加紧了在吐鲁番地区的扩张，以武力攻占了吐鲁番盆地，强制当地居民信仰伊斯兰教，麻扎村归属东察合台汗国。在这一时期，麻扎村被称为“秃由”，音译即“吐峪沟”。

清康熙五十九年（1720），清军平定吐鲁番，麻扎村随之归属清朝。清雍正十年（1732），为躲避漠西蒙古准噶尔部的袭扰，麻扎村域居民随吐鲁番郡王额敏和卓东迁，翌年到达瓜州。清乾隆二十一年（1756），清军平定达瓦齐之乱后，麻扎村民又随额敏和卓返回。清光绪十年（1884），清朝在新疆建省。清光绪二十九年（1903），鄯善建县后，实行台站制，全县设八台，此时麻扎村属吐峪沟台，由乡约和农官管理民事和政务。

1933年，取消乡约制，改区村制，全县辖三个区，麻扎村属第二区。1944年，推行乡镇保甲制，全县设3镇5乡、74保和1个联保，共761甲。麻扎村所在地属惠悟乡，

火焰山脚下的土庄

为保建置。1947 年，鄯善县 3 镇 5 乡合并为 2 镇 1 乡，下辖 24 保 196 甲，麻扎村所在地属鲁克沁镇。

新中国成立后，1950 年，废除保甲制，在全县建立 4 区 16 乡 76 村。麻扎村属四区（即吐峪沟区）的吐峪沟乡。1956 年，苏贝希、吐峪沟、洋海、洋海坎 4 个乡合并成立鄯善县第四区公所。1958 年，第四区公所改为红星人民公社，下分 8 个生产大队，麻扎村所在地为二大队。1978 年，红星人民公社改为吐峪沟人民公社，其下仍设八个大队。1984 年，恢复乡镇村建置，吐峪沟人民公社改为吐峪沟乡，麻扎村从原二大队分设出来单独成为行政村。2004 年，吐峪沟乡党委结合强村并组工作，将火焰山脚下的麻扎村、吐峪沟夏村、英买里村 3 个行政村合并为吐峪沟村。虽然划归吐峪沟乡吐峪沟村，但麻扎村原有村组设置和管理不变，麻扎村党支部及麻扎村下设的三个村民小组一直保

黄彬　摄

持至今。

◉ 自然地理

地质　麻扎村地处火焰山吐峪沟大峡谷南谷口，是一条贯通火焰山的险峻峡谷，是天山水系进入绿洲的通道，贯穿吐峪沟大峡谷的苏贝希河由北向南穿村而过，沟中流水由北向南流出火焰山，形成山南洪积扇和砾石戈壁，洪积扇的泥质细土造就了麻扎村的绿洲带。

地貌　麻扎村依火焰山南部山坡而建，地势北高南低，海拔高度为 100~500 米，苏贝希河道将麻扎村从山谷一分为二，树木和葡萄地主要分布在河谷东西两边的坡地上，坡地再往两边延伸是火焰山山体和山前冲积扇砾石戈壁。

气候

麻扎村地处中纬度的亚洲腹地，远离海洋，属于鄯善县三个气候区的火焰山以南气候区，加上其处于火焰山吐峪沟大峡谷南谷口，受地形影响，具有增温迅速、散热不易的气候特征，属于暖温带大陆性干旱荒漠气候。其特点是四季分明：春季升温快，春来早，但有回寒；夏季高温炎热，时间长达 160 天；秋季短，降温迅速；冬季寒冷期短，风小雪稀。

气温 麻扎村年平均气温 14.4℃。夏季炎热，时间长，降雨极少，平均气温 40℃以上，7 月极端最高气温达到 49.6℃。麻扎村气温日较差大，春秋昼夜温差大，最大气温日较差在 17℃ ~26℃，素有“早穿皮袄午穿纱”的说法，极利于葡萄瓜果的糖分沉积。

降水 麻扎村降水稀少，平均年降水量为 16.6 毫米，年蒸发量 3216.6 毫米，冬季平均年降雪量为 3.5 毫米，最大积雪厚度 18 厘米，一般积雪浅薄，不会形成稳定积雪。

日照 麻扎村光照充足，日照时间长，太阳光辐射强，光能十分丰富，空气透明度好，无霜期长。年平均日照总时数 3200 小时以上，一年中以 7 月日照时数最长，12 月最短。无霜期长，平均 192~224 天。3—11 月为农作物生长季节，日照总时数在 2570 小时以上，占年总日照数的 80%以上，十分有利于一年两熟作物生长。

吐峪沟谷口的麻扎村

季风 麻扎村四季多风，主要有东、西、北三个方向的风，全年以西风和北风最多见，最强风为每年春夏之交时的西风和北风，常对农作物和民房造成灾害。由于麻扎村地处火焰山谷口，平日里白天风弱，夜间山风较强。

土壤 村北火焰山土壤为棕色荒漠土，该土类的成土条件是气候极其干旱，植被稀少，腐殖化过程弱。而吐峪沟大峡谷底部的土壤呈黄红色，穿谷而过的河水将黄红色土壤冲出南谷口，在峡谷南端形成了冲积平原。该土壤属于典型的黄黏土，易板结、有机质含量少，土壤肥力差，冬季最大冻土深度 117 厘米，不宜耕作种植，但该土壤保水保肥力强。早在 2500 年以前，麻扎村的先民就从下游的洋海拉运沙子填充到土壤中，对土壤进行改良，开启了栽种葡萄和果树的历史。

灾害 麻扎村的自然灾害主要有风灾、洪水、泥石流、地震等。

麻扎村每年春夏之交时节大风造成的灾害最多见，危害最大。据史料记载，清光绪十三年（1887）至今，麻扎村域先后遭受 12 级以上的暴风袭击 3 次，10 级以上狂风袭击 5 次，9 级以上大风袭击近 15 次，瞬间最大风速 40 米 / 秒。大风过后，常有老房屋坍塌，大树被刮断，甚至连根拔起，浮尘和细沙土覆盖农作物，大田葡萄受损严重，下游坎儿井等渠道被填埋，有时甚至还造成人畜伤亡。

由于麻扎村依山脚坡地而建，民居皆是生土建筑，多为土木结构或纯土建筑，最害怕洪涝灾害。1973 年 6 月 22 日、1984 年 6 月 21 日和 2014 年 6 月 26 日发生的洪水和特大泥石流灾害尤为严重，多家民房、棚圈、葡萄地被冲毁，一些牲畜伤亡，至今村民房屋还遗留着 1.5 米左右洪水袭击的痕迹。

麻扎村地震灾害记录较晚，始于民国初期。自民国肇始，麻扎村区域先后经历了 13 次地震，多数地震对麻扎村民没有太大影响，但其中破坏性最强的一次为 1916 年，大地震致使麻扎村东北部火焰山坡顶丁谷寺遗址及众多房屋瞬间坍塌并坠入峡谷，曾经的佛教重地荡然无存，如今只剩下一小部分残垣断壁。

◉ 自然资源

土地 麻扎村最初仅有不足 450 亩耕地，到 20 世纪 90 年代，人均仅 0.42 亩耕地。自 20 世纪末开始，当地政府在吐峪沟村东南及西南部开垦荒地，为村民增加耕地面积。至 2016 年，麻扎村有耕地 1600 亩，人均耕地 1.1 亩。

水文 麻扎村的水源主要来自乡境域内的苏贝希河。该河流发源于北天山，主要来源是天山的雪融水和降雨，源头高度 4110.7 米，山区河段长 44.6 千米，集水面积 532 平方千米。穿村而过的苏贝希河终年不竭，最大径流量 20 立方米 / 秒，最小径流量 1 立方米 / 秒，一般春夏秋季流量大，冬季流量较小。吐峪沟大峡谷浅层渗漏汇集、以泉水形式溢出地表的水量不大，地表水（包括河水和山泉水）正常总量2.71亿立方米/年。

植物 麻扎村干旱少雨，生长的植物主要有葡萄、桑树、枣树、杨树、榆阔叶林、核桃树、杏树、梨树、旱柳、白柳、红柳、芦苇等，其中以葡萄、桑树最多，村内至今存活大量古桑树。

动物 麻扎村与火焰山零距离接壤，动物资源与火焰山其他区域相同，主要有石鸡、岩鸽、野兔、老鼠、野鸭、乌鸦、麻雀、鹰、云雀、黄鸟、啄木鸟、斑鸠、鹦鹉、野猪、黄羊、狼、狐狸、羚羊、蛇等。

矿产

石油 麻扎村东西部都是广袤的戈壁荒滩，地下蕴含着丰富的矿产资源，尤以石油

玉东油田

资源最为可观。20 世纪末，麻扎村东部戈壁上的玉东油田开始开采，如今投产油井已达数百眼。麻扎村西部戈壁上的玉西油田已探明储量，油质较玉东油田更优。麻扎村东北部火焰山顶的玉北油田探明储油量也很可观，已钻出产油井 80 余眼。

砂石料　麻扎村东、南、西三面均属于山前冲积扇地带，砂石料资源丰富，而且质量过硬。2017 年初，麻扎村周边建有两个民办砂石料厂和两个配套的水洗砂石料经营厂，还相应建有搅拌站两个，预制厂一个，主要预制葡萄搭架的水泥桩和拉钢丝的地锚。

黄黏土　麻扎村黄黏土资源丰富，用途也很广泛。黄黏土是一种重要的矿物原料，是颗粒非常小的（<2 微米）可塑的硅酸铝盐。除了铝外，黏土还含少量镁、铁、钠、钾和钙。黄黏土可用于制造陶瓷制品、耐火材料、建筑材料等。麻扎村民的生土建筑房屋就是用黄黏土打土坯直接建房屋，坚固实用，冬暖夏凉。用黄黏土制作馕坑、砖等，或用其作为坎儿井明渠的防渗材料，就更不稀奇了。麻扎村先民曾用黄黏土制作陶器，直到 20 世纪 80 年代，仍有村民用黄黏土制作陶器，只是制作工艺相对简陋而被市场所淘汰。用黄黏土与煤渣沫按比例和匀，制成土煤块，易烧还熬火，不起灰。用黄黏土储存粮食和保鲜葡萄，在麻扎村至少已延续几百年了，至 20 世纪 80 年代还在使用。用黄黏土储存粮食的方法是：选一处干燥安全的地方，挖一个圆形的坑，要口小底大，深度 1~1.5 米，坑底及周边铺垫一层干麦草，粮食放进坑里后，用干燥的黄黏土封顶。麻扎村曾有人用这种方法储存粮食 20 年都没有霉烂。用黄黏土保鲜葡萄的方法是：把黄黏土用水调成糊状，将鲜葡萄在泥浆中翻滚，裹上泥浆，然后轻轻放到室内的沙土上，待葡萄上的泥浆干透后，保存起来。到来年春天，将保存的葡萄放到水里泡一阵，清洗干净，其风味与鲜葡萄几乎无异。

◉ 人口民族

人口　魏晋南北朝时期，麻扎村所在地人丁兴旺，人口相对稳定。高昌回鹘时期，人口有增无减。麻扎村划为行政村后，先后两次实施整体搬迁。2016 年，麻扎村有 304 户，1450 人，皆为维吾尔族。

民族　麻扎村一带曾生活过塞人、姑师人、粟特人、匈奴人、汉人、柔然人、乌孙人、突厥人、吐蕃人、回鹘人、蒙古人、满人等，众多部族和民族都曾在麻扎村及周边广大的历史舞台上活动过，各民族在这里聚居融合。

春秋战国时期及以前，生活在麻扎这片土地上的居民主要是姑师人。高昌时期，麻扎村域生活的居民大多数是汉族，比例在 70% 左右，同时盆地内也居住着数量不等的车师人、粟特人、柔然人、突厥人、西域胡人。清政府收复新疆后，从关内调遣大批满、汉、回士卒和家属、平民、遣犯来吐鲁番屯田驻守，也陆续有中原的汉族和陕甘宁一带的回族迁入。据资料记载，乾隆二十三年（1758），清政府仅在辟展、鲁克沁等地屯田士兵就达 4800 人。新疆和平解放后，大批内地知识分子、支边青年响应党和国家的号召，开始从内地迁徙到鄯善县开发建设这片热土。这一时期的麻扎村有支边青年、兵团人实施开发建设活动。到 20 世纪 70 年代，麻扎村域仍有少量的汉族、回族居住。至 2016 年，麻扎村村民皆为维吾尔族人。

◉ 基础设施

道路 新中国成立前，麻扎村通往外界的道路只有土路。20 世纪 70 年代后，国家加快了县乡村公路建设。1978 年，鄯善县修通了吐峪沟至吐鲁番、吐峪沟至鄯善县的沥

高昌故城—吐峪沟景区旅游专线

连心路　　季节　摄

青公路，都途经麻扎村南部。1986 年，建成麻扎村至吐鲁番的公路，21 世纪后又重新修建。1992 年，建成麻扎村至苏贝希村的道路，当时为砂石公路。2002 年，完成沥青铺设，该路段全长 9 千米，因是军民协力完成，故被命名为“连心路”。该路的开通解决了村民到山北只能绕道或走大峡谷底小道的问题。2015 年，建成吐峪沟景区至吐鲁番高昌故城旅游专线。自 2014 年以来，鄯善县相继实施麻扎古村巷道和田间道路建设，至 2016 年，建成村间田间道 4.8 千米、巷道道路 2.1 千米，实现巷道和田间道路 100% 硬化。

供电　20 世纪 60 年代，红星公社（今吐峪沟乡）将麻扎村北的水磨坊改成水电站，

田间道路

给麻扎村及周边供电。由于苏贝希河水流量时大时小，麻扎村水电站的发电功能也因此受到影响，供电不正常，到 20 世纪 80 年代中期停用。麻扎村现在还遗存有水电站遗迹。之后村内使用了一段时间的柴油机发电，20 世纪 90 年代后，村民用上了吐峪沟乡变电站的统一供电。吐峪沟景区开发后，鄯善县先后于 2003 年和 2011 年对麻扎村电网进行升级改造，确保村民用电步入畅通大道。由于用电得到保障，在麻扎村南的县道北侧、南侧相继建立了加油站、加气站，为来往车辆和村中各类车辆提供加油、加气服务。

用水 麻扎村的水源主要是来自天山的雪融水和降雨，吐峪沟大峡谷内虽有几眼浅层渗漏汇集的泉水，但溢出地表的泉水很少，多随着大河水汇流而下。麻扎村灌溉

汩汩流淌的苏贝希河水

用水全部来源于从吐峪沟大峡谷流出的苏贝希河水，麻扎村先民早已发明了将低势的大河水引入高坡处的方法，用以浇灌葡萄。魏晋时期，高昌郡官府为便于用水季节官田、民田、军田的合理用水，就配置了常年负责具体办理水利事务的平水官。19 世纪之后，因麻扎村处在苏贝希河上游，用水便利，而村南的洋海村处于下游，用水相对困难，为此麻扎村经常与洋海村民发生用水纷争。清末，鄯善县第二任知县陈光炜从中协调，并在麻扎村水坝立“洋海吐峪沟水案碑”，但洋海村与麻扎村依然时常为灌溉用水的分配闹矛盾纠纷，甚至造成村民伤亡。直到中华人民共和国成立后，麻扎村和下游洋海村的用水矛盾才得到妥善解决。

麻扎村民以前基本饮用大河水。由于大河水比较浑浊，村民在村北建了蓄水池，将大河水引进后沉去泥沙，然后再饮用。1994 年，乡党委、政府在麻扎村邻村英买里村建自来水塔，供麻扎村、英买里村、吐峪沟夏村饮用健康水，但由于麻扎村地势较高，自来水供应不正常。1998 年，县乡两级对麻扎村自来水进行改造，2006 年，将麻扎村自来供水管线并入山南供水管线后，彻底解决了村民用水问题。

◉ 社会发展

教育 清宣统二年（1910），知县刘谟在全县先后设立 5 所官立学校，其中在吐峪沟设立吐峪沟第四汉语学堂。但当时除了少数有条件的家庭让子女就学外，大多数家庭不具备让子女就学的条件，第四汉语学堂因而夭折。1927 年，鄯善县公署在麻扎村与吐峪沟夏村交接处建立吐峪沟维吾尔语公立小学（现吐峪沟村中心学校前身），当时只有教职员 2 人，学生 43 人。新中国成立后，党和政府重视教育，20 世纪 60 年代，红星公社按照鄯善县统一部署，实行勤工俭学，对吐峪沟村中心学校校舍进行维修扩建。到 20 世纪 90 年代，鄯善县按学校标准化建设要求，又对吐峪沟村中心学校进行升级改造，校舍改造为砖混结构。进入 21 世纪，鄯善县全面推行“两免一补”政策，让每个适龄儿童都能接

吐峪沟村双语幼儿园

村级卫生站

受义务教育。至 2016 年，吐峪沟村中心学校总面积 23432 平方米，绿化面积 8159.8 平方米，建筑面积 4379.6 平方米，拥有班级 27 个，其中双语班 24 个，有教职工 75 人，在校学生 884 名，学生入学率达 100%。自 2011 年开始，鄯善县在全疆率先推行高中阶段免费教育，麻扎村的学生到县域内任何一所高中就读，均享受免费教育。

2013 年，为解决学前儿童教育问题，鄯善县投入 300 余万元，在麻扎村南的英买里村建成吐峪沟村双语幼儿园。幼儿园占地面积 5859 平方米，建筑面积 1050 平方米，具备接纳 260 名幼儿的规模和能力，有教职工 23 名。

卫生　1958 年 9 月，鄯善县选拔县人民医院 2 名医务人员在红星人民公社吐峪沟大队建立起公社医疗站；1966 年，医疗站升格为公社卫生院；1980 年，公社卫生院改为人民公社医院，后更名为吐峪沟乡人民医院。1989 年，乡人民医院搬迁至今潘家坎村后，包括麻扎村在内的整个吐峪沟村人看病相对困难。为解决村民看病难题，2007 年，村级

村内就医

卫生室成立，村内还有一家自营诊所，缓解了村民看病难的问题。2010 年，政府全面推行新型合作医疗，麻扎村参合群众 1231 名。2014 年，吐峪沟村卫生站成立，为两层混凝土结构楼房，建筑面积 800 平方米，配备了 B 超、心电图机等设备，村民就医基本做到了小病不出村，大病不出乡。

公共服务 进入 21 世纪，鄯善县按照公共服务均等化要求，在麻扎村设立了村民健身设施，在合并后的吐峪沟村设立村民活动小广场，并建立了 400 平方米的村民活动中心，免费为村民提供婚丧嫁娶场地。根据《农村居民生活保障实施办法》，对人均年收入低于 3200 元的家庭以及弱势群众发放低保补助金、医疗救助金、社会救助金和优抚等资金。推行农村基本养老保险和医疗保险，对年满 60 岁以上的老人每人每月发放 100 元。同时，加强文化设施建设，村内固定电话接入、移动电话开通、光纤网络覆盖率 100%，户户通卫星电视接入率 100%。

◉ 经济发展

葡萄种植 麻扎村一带在公元前 5 世纪就已开始栽培葡萄。由于火焰山脚下光照充足、温差大，麻扎村的先辈种植了拥有“绿色珍珠”称号的无核白葡萄。南北

改造后的葡萄田

熙熙攘攘的古村街道

朝时，麻扎村及附近地区栽种的葡萄和葡萄酒酿造技术已达到很高的水平，此时葡萄酒已作为珍贵的贡品长途跋涉运往中原。隋唐时期，在麻扎村及附近洋海一带，人们除了栽培葡萄、种植粮棉作物，还广植桑树养蚕，抽丝织锦，加工销售。新中国成立后，由于麻扎村一带的葡萄声名远扬，葡萄作为紧俏商品，虽然产量不高，但村民用葡萄到供销社交换粮食也能勉强维持生活。土地承包到户后，村民积极性虽高，可村民人均占有葡萄地较少，且麻扎村葡萄严重老化，葡萄亩产量十分有限，难以给村民带来可观的收入。20 世纪 90 年代，当地政府积极动员村民更新百年老葡萄，但收效甚微。2005 年后，为改变吐峪沟村民传统落后的观念和贫困村面貌，乡党委、政府大力推行老葡萄改造，并投入资金开荒打井，帮助农民拓展耕地。2016 年，麻扎村有葡萄地 1600 余亩，通过实施葡萄架式改造和规范管理，葡萄亩产值为 5000~11000 元。

绿色麻扎古村

传统手工业 早在两晋前，麻扎村及周边就出现了制陶、纺织、皮草等产业，南北朝时期，麻扎村区域就有了酿酒工艺。20世纪初期，麻扎村涌现出铁匠、木匠、擀毡子、鞋匠、泥瓦匠、裁缝等匠人，部分匠人闻名周边乡镇。进入21世纪，麻扎村一带的葡萄酿酒工艺和擀毡子等手艺逐渐淡出了历史舞台，现今只有部分村民会在自家酿造少量葡萄酒，供家人和亲属享用。

多渠道增收 麻扎村因为人均占有耕地较少，经济发展相对迟缓。直到2004年，吐峪沟景区开放和强村并组后，麻扎村才迎来了发展的春天。2005年，乡村两级组织大力改造老龄葡萄园，实施科学管理，并结合吐峪沟景区开发，引导农民发展农家乐、第三产业，同时，成立了养殖、打馕、电商、手工刺绣和民族服饰加工等9家合作社，采取“支部＋公司＋农户”的模式带动村内经济发展，推动村民从单一的种植收入到多渠道增收。2016年，麻扎村人均收入达9626.3元，较1996年的927元增长10倍以上。

季节 摄

◉ 地名考

麻扎村 麻扎村因地处吐峪沟大峡谷南谷口，古村与峡谷似“丁”字，在古高昌时期因此被称为“丁谷口”，吐峪沟石窟寺被称为“丁谷窟”。明朝初期，麻扎村又被称为“秃由”，音译“吐峪沟”，后一直被称为吐峪沟。“麻扎村”为1984年划分行政村时的命名。“麻扎”是坟墓、墓地的意思。麻扎村全名为麻扎阿勒迪买里村，意为陵墓前的村，其源于村北的艾苏哈卜・凯赫夫麻扎，当地人称霍加木麻扎。

卡兰达尔哈纳 从吐峪沟大峡谷出来的西面山坡到吐峪沟风景区大门这一地带，村民称之为“卡兰达尔哈纳”，汉语意为“贫困人员聚集的地方”。

恰热抢 麻扎村西南方向约三千米处，即麻扎村通往鲁克沁镇和吐鲁番市高昌区二堡乡的岔路口，村民称之为“恰热抢”，汉语意为“休憩的地方”。在这里，村民曾摆着自家的农产品和当地特色产品，泡着香喷喷的热茶等待从远方经过的客人、商户进行交易，其目的是为了迎接远方来客。

千年土庄

麻扎村是古丝绸之路上的一个重要驿站，是新疆历史文化的一个缩影。麻扎村黄黏土民居集生土建筑之大成，是至今国内鲜有的保存完好的生土建筑群，堪称千年土庄。

麻扎村是吐峪沟大峡谷南谷口的一个古老村落，历史上就是一个多民族、多文化交融的地方，距今至少有 2800 年的历史。麻扎村别具一格的黄黏土民居是麻扎村先民勤劳智慧的结晶，也是这个特色古村落最吸引人的外貌特征。早在魏晋南北朝之前，麻扎村区域的先民们就根据当地的自然环境和生存需要，发明了用黄黏土生土制坯建房的技术。古村的房屋建筑均以黄黏土建成，大小不一，高矮各异，错落有致，其特点是经济实惠、冬暖夏凉、造型美观。千百年来，麻扎村居民一直沿用黄黏土建造房屋的传统习惯。2005 年，麻扎村被国家文物局和建设部公布为“中国历史文化名村”。2012 年，被文化部、住房和城乡建设部、财政部、国家文物局等七部委公布为首批“中国传统村落”。2014 年，被国家民委确定为“中国少数民族特色村寨”。

◉ 村落布局

依山傍水 麻扎村背依火焰山，横贯吐峪沟大峡谷，村北侧水涧瀑布飞溅，四周一片葱绿，再加上汩汩流淌的苏贝希河从村中穿越而过，使

古村小道

麻扎村成为灵动的栖居地。在早期，接近河谷的台地附近不乏丛林，台地上有天然的洞窟可利用，也可简单搭建棚屋、地穴，以供栖身，这就成为早期居民理想的居留地。

苏贝希河道穿村而过，河道旁边就是一条主街道，街道两旁是古民居和商铺店面。再远望去，还可以看到一些民居建造在火焰山山腰的坡地上，更老的民居呈现出了“半穴居式”的建筑特点。民居皆采用黄黏土建成，这种黄黏土房还被称为吐鲁番“三宝”（坎儿井、葡萄、黄黏土房）之一。

户户相连 麻扎村的道路忽高忽低，狭窄陡峭，如羊肠小道，弯弯曲曲，到处都是分岔，有些村民的入户走廊非常深，但也能找到分岔口。随处可见的走廊、门洞、阁楼

峡谷口的村落布局

李保民 摄

黄黏土建筑　　黄彬　摄

和架空桥梁使得村内户户相连，室室相通，像一个迷宫。黄黏土房在吐鲁番盆地非常普遍，但都没有麻扎村民居这样古老和集中，数公里的拱形黄黏土房连成一片，透露出一种古朴。

◉ 房屋建造方法

由于麻扎村常年干旱少雨、水资源稀缺，木材匮乏，麻扎村先民就地取材，发明了用黄黏土建造房屋。这种建筑不仅经济实惠，冬暖夏凉，而且坚固耐用。混合黄黏土的坚固和麦草的柔韧，古民居墙体硬度能达到混凝土的坚固度，完全适应火焰山下独特的自然气候和地理环境。村内古民居时间最长的已有 300 多年了，最少的也有 100 年了。在麻扎村及周边都流行着这样一句话："土房土房，土坯砌房，不用木材不用砖，冬暖夏凉，干净舒爽。"

麻扎村得天独厚的黄黏土材料，使得村民居住形态的变化相对缓慢，但村民建造房屋的方法却日见精湛，可谓多种多样、五花八门。归纳起来有以下几种方法。

掏 掏是指从地面往下挖深，使其形成洞穴，成为可用于活动的生活面。这种掏出的空间称为竖穴，也称地窖、地洞、地窝子或地下室。这种竖穴，因受土层的凝结度、坍落度和所留顶层厚度等因素制约，其空间一般都比较小。但不以原土层为顶的，比如

地窝子

坍塌的土坯房

用木料棚架盖顶，其大小可以根据木料棚架材料的承重度而适当加大，稍做加工之后，就形成村民俗称的地窝子。麻扎村居民设计的地窝子非常规整。为了在白天能利用到自然采光，村民一般将地窝子上面一部分露出地面开设窗户，这样通风也好，能容纳较多人在里面休息。地窝子冬暖夏凉，尤其是夏季避暑，可躲过 6—8 月炙热的阳光，还可解决持久炎热高温中食物易变质等难题。

挖 用挖的方式形成的洞穴称横穴，也叫洞窟。古村东部、紧贴火焰山的数十户居民，房屋修建时就采用了这种建筑方法，房屋的后半部分用挖的形式，将火焰山体挖成方形或者拱形，再结合土坯修建。吐峪沟石窟寺的佛窟和僧侣们依崖所挖的住所大都采用这种方式。其深度不受限制，顶部呈拱形，俗称窑洞。

干垒 这种建筑方法是用潮湿的黄土，掺以一定比例的沙粒或小石子，铲入预先揽围好的木制夹板槽内，用力夯实而成（一般每层在 20 ～ 30 厘米）。每夯实至夹板槽高度后（槽深一般在50厘米左右），将夹板提升再填黄土，再夯坚实。待达到所需高度时，便筑成了一堵墙体，墙厚 50 ～ 80 厘米。墙体晾干坚固后，再凿出门窗洞口。一般这种洞口都较小，施工者也会在门窗洞口的上方先埋入木过梁，与上层填土一起夯打，这样过梁下方所凿出的洞口就较为坚固。此类建筑方法，在麻扎村古民居中采用较多。

湿垒 这种方法是用黄黏土、沙子、少量麦草加水拌和成可塑状，由地面层层叠垒而成。下宽上窄，而且在垒到一定高度后，必须等其干硬才能继续加高。待达到墙体所需高度后，再用工具将墙面铲刮平整，凿出门窗洞口。墙体下部一般宽 60 ～ 100 厘米，墙顶一般宽 40 ～ 80 厘米。

砌 砌是将生土再加工，即将生土掺水拌和至可塑状，有时还会在生土里添加麦草等植物纤维，以增加土质的黏性和硬度，混合搅拌后，放入预先制作的土坯模板（俗称模子）中，制成与模板相同体积的土坯。土坯通常以 30×20×（8 ～ 9）厘米为常见，有的还会再大些，每块重量8 ～ 10千克，以搬运和砌筑方便为准。土坯晾干后，

窑洞

以泥浆为胶就可逐层砌筑房屋了。这种方法在麻扎村古民居建筑中是最常见的，而且房间的大小、高低和多少，建筑形体的凹凸、折拐、叠加都可按户主之需进行设计砌筑，其砌成的房屋墙体宽度多在 80 ~ 120 厘米，能抵御较强的外力。

土块拱砌　就是利用黄黏土的黏性及其干燥后受压强度提高的性能，在棚架材料缺乏的情况下，借助拱模具的支托，将土坯砌成拱形房顶，俗称窑房或窑洞。窑洞一般面宽在 3 米左右，也可连续并列砌筑，只是两侧墙体要适当加厚。麻扎村一部分古民居的房顶就是采用这种方式。院落正中或两侧有用土块砌成的拱式小梯通至屋顶，梯下可存物，空间很紧凑。

另外，还有一些辅助的建筑方法，如搭、糊、盖等。麻扎村先民们通过掏、挖、垒、砌、拱等手段，把天然的黄黏土运用得得心应手，使整个建筑浑然一体，简约大气，呈现出浓厚的乡土气息。

◉ 民居格局

基本生活单元　麻扎村黄黏土房都是直上直下，房顶没有屋檐一类的装饰。典型的古民居多由楼上楼下两层构成，楼梯建在房屋前部明显处，一般由客厅、过厅、上房、卧室、厨房等部分组成。或许是因为楼上房间采光更好，麻扎村的居民都喜欢住在楼上，楼下房屋很少用作居住。也有些民居是单层结构，但都设有客厅、上房、卧室、厨房这些必要的生活单元。

辅助用房　辅助用房是指除了客厅、卧室等外，村民们用作贮藏物品、存放农具、停放车辆的房屋。辅助房屋一般建在底层，房屋面积普遍较小，多为穹顶的窑洞。一些单层结构的民居也会单独建有辅助用房，一般建在距离大门较近的地方。一般情况下，每个村民家庭都会有一些“隐蔽”的房屋，即从地面掏挖一处地窝子，深 1.5 ~ 2 米。在没有风扇、空调的年代里，地下窑洞一般用来避暑，可以帮助村民躲避 6—8 月的炎热天气。

走廊和厨灶　一些古民居往往会修建很深的过道或走廊，个别民居的过道和走廊还装饰有精湛的木工雕刻，如屋檐、走廊扶手等。厨灶台更是每户居民必不可少的。麻扎村由于夏季炎热，一日三餐做饭都必须在屋外，所以一般将厨灶台设在庭院，每户家庭都会将灶台收拾得非常干净，每件物品都摆放得很整齐。冬季厨灶台一般设在室内，同样会收

夏季厨灶

拾得干净利落。

前后院落 村民住宅一般分为前后院，前院为生活起居的主要空间，后院一般用于圈养牲畜和积肥。前院顶部大多用土木搭建成遮挡严实的凉棚，四周用土坯块砌成镂空花墙，便于通风采光。21 世纪之前，村民前院内还会有一个土坯砌成的大土炕，现在多更换成一张或两张宽大的彩色铁床。除了寒冷季节外，村民劳作回家或亲朋好友来访时，一般都会在铁床上休憩畅谈，可坐可躺，不仅舒服欢畅，也格外凉爽。另外，多数居民还会在房顶修建用于晾制葡萄干的荫房。

民居文化

库巴艺术 库巴汉语译为“门当”。门当与户对是古代中原地区民居建筑中大门建筑的组成部分。门当泛指传统建筑门口相对放置的一对石墩或石鼓。而在麻扎村，由于民居依山而建，黄黏土房普遍窗小门小，大门都是向里开合，大门两侧的门当大都省略了。村民习惯将门楣上的木雕称为“门当”，其他一些地方俗称“户对”或“门簪”。

“门当”

在麻扎村，古朴的大门上都保存着“门当”，村民认为它是门上最好的装饰物，称之为库巴。麻扎村民居大门上的“门当”形状各异，有锯齿状、花瓣状、哈密瓜状、水果状、太阳状、星星状等，还有不同形状的组合。有的民居不仅大门上有“门当”，宅院内的小门上也有“门当”。部分民居还用“门当”和木制花棱格来装饰大门，增加美感。每种“门当”都是主人地位、身份的象征，如水果、花卉状“门当”表明主人祖上是经商的，几何形状等“门当”则显示主人祖辈是为官的。

尽管现代人不会再像古代那样用门当户对来判别主人的身份、地位，但麻扎村这些大门上的旧饰却永久地保存了下来，并沿用至今。

汉风窗棂　现在，麻扎村有些民居依然保留着精美的汉风窗棂。麻扎村的窗棂十分考究，多用木质合扇窗和镂空的花格窗，有多种形状和图案。既有长方形、正方形的窗棂，也有不同式样组合的窗棂。十字格、斜方格窗棂，冰裂纹窗棂，苏州园林和徽州民居式样的窗棂，甚至代表吉祥万德的“卐”字窗棂，在麻扎村都可以见到。各式各样的窗棂达上百种之多，镂花草、几何、锯齿、花瓣等形状的窗棂美观大方，玲珑剔透。

窗棂（一） 黄彬 摄

窗棂（二）

时光印记

彩门文化 麻扎村早期大门主要以简约大方的挂锁门为主，材质为桑木、松木，颜色以木头的本色为主，下面有门槛，上面有门檐、“门当”。后来演化为有简易浮雕和方格图案的大门，逐渐又发展到以绘制彩门为主，人们根据自己的想象尽情地在大门上绘制各种颜色的图案。彩门中的图案一般都是对称的，而颜色则是根据图案上色，多以绿色、红色、黄色、蓝色、白色等为主，有的安静质朴，呈现出祥和而古老的气质；有的绚丽鲜艳，色彩斑斓而夸张；有的对比强烈，洋溢着清新的田园气息。

壁龛 壁龛（维吾尔语称之为“吾由克”）是麻扎村古民居的特色之一。每家每户的墙壁上都嵌着大大小小、各种形状的壁龛。如今，这些壁龛依然发挥着储物的功能，里面零散地摆着被褥、陶罐、杂物等。壁龛形式多样，深浅不一，既能存放物品，又可装饰墙面。

麻扎古村的壁龛有方形、拱形、菱形等式样。壁龛设在不同的墙面和位置，也有不同的用途。正面墙面上的大壁龛一般用于储存被褥；两侧墙面上的壁龛多用于存放衣物、针线或书本、工艺品；灶旁墙面上的壁龛，稍大一点的放盐罐、油瓶、佐料盒、厨具、餐具等，再小点的一般存放油灯等小物件。存储间墙面上的壁龛可放各类食材或生活生产器具。

彩门

壁龛

壁龛（现代）

壁炉 麻扎村现存的少数古民居中还保留着古老的典型西欧式壁炉，村民称之为“恰由克”。壁炉用土坯砌成，炉口直通屋顶，壁炉的上部装饰着美丽的花纹。只是由于年代久远，壁炉外面已经熏黑，因而大部分居民都已把壁炉拆了，只有少数壁炉完整地保存了下来。

特色内饰 麻扎村民的家居与其房屋外观形成了鲜明的对比。外表是黄黏土的古朴民居，里面却有着各种让人惊艳的色彩。麻扎村民很重视室内色彩、室内装修、家具与床上用品、家居陈设与家居饰物的选择，其艺术效果带给人们不同的感受。民居内装修富有民族特色，进门通常是一个占房屋面积一半以上的土炕，土炕上铺着毛毡，富裕的人家铺着地毯。土炕

壁炉

民居内饰

民居内饰（现代）

四周墙面都有大小不等的壁龛，壁龛外多挂着色彩艳丽的墙布或地毯，土炕里侧放置叠放整齐的各色被褥和枕头。村民用的枕头比较大，一般呈长方形，除了睡觉外，也可用于背靠或侧卧时垫在身下。部分村民的土炕内侧会放置一两个手工精美富有民族特色的木箱，用于放置衣物。土坑正中都会放置一个矮脚木桌，高 30~40 厘米，木桌上铺有桌布，用于摆放馕、馓子、葡萄干、杏干等食品，木桌四周也会铺上带花纹或条纹且四周绲边的褥子。麻扎村民居内的土炕都很大，把中间木桌移开后可用于跳舞。古民居房屋的中央一般设天窗，天窗有梯形、长方形、圆形等形状，顶部用较细的木柱支撑起来，既可以通风，又避免阳光直射。土炕边都有火炉或壁炉，既可以用来做饭，又可以取暖通热。

◉ 古村特点

布局整齐 麻扎村的房屋修建年代各有不同，或早或晚。它们都分散修建在谷口处，坐落于火焰山脚下，中间是穿谷而过的河流。民居错落有致，沿山势、河势分布在一起，家家相通、户户相连，村落中的巷路也是四通八达。民居布局整齐，但各民居又自成单元，特点鲜明。

就地取材 麻扎村干旱少雨，日照较长，又紧邻火焰山体，地表为典型的钙质胶黏土。该土质硬度和黏性较高，和水后可直接抹墙，甚至不需掺加任何植物纤维也有黏合力、附着力。当地居民结合本地的地理环境，就地取材，发明了这种土坯建筑用房，就连屋顶都采用土坯修建。甚至不仅房屋是用黄黏土加工而成，而且室内的火炕，室外的实心炕、灶台、馕坑都是黄黏土做的。

简约大方 麻扎村内的古民居房屋，外表看上去敦厚结实，粗糙笨重，更有的墙皮都已脱落，墙面凹凸不平。但房屋内部，却是秀而不华，简约大方。土炕的棱角、壁龛的设计、被褥的摆放、桌椅的位置、色调的搭配等，都是精心装饰过的。虽然家里现代电器、家具不多，但十分温馨。

追求自然 麻扎村居民修建房屋时，不讲究中轴线左右对称，而是强调融入自然、天人合一。古村民居整体是朴素大方的，尽管大门和民居内饰色彩相对丰富，但房屋的主要构件（门、窗、柱、梁等）不是油彩，而是成自然色，与大地融为一体，显示出朴素敦厚的质感，再配以院落及周围的树木，保持着大自然天然的本色。

古村巷道 季节 摄

本色麻扎村

季节　摄

注重实用 麻扎村土坯建筑的房屋除成本低、材料少外，修建起来也很简单。村民们盖新房时，会请来亲朋好友帮忙，在很短的时间内房子就建好了。他们考虑更多的是实用，讲究房屋内部的实用性和舒适性。为了防止河水污染，村民都把厕所建在地势高处，个别村民甚至把厕所建在房顶上。

◉ 典型民居

斯迪克 · 阿不都民居 斯迪克 · 阿不都民居位于麻扎村中心街区，紧邻苏贝希河西岸，门前则是潺潺的流水，整个民居坐西向东，与左右两边民居紧密相连，分为前、后院落。该民居建造时间至少有 300 年，也有专家推测达 500 年。房屋传到斯迪克 · 阿不

斯迪克 · 阿不都民居外观

哈密瓜状“门当”

都手上至少已是第五代了，在麻扎村所有民居中算是比较早的，且保存完好。

斯迪克·阿不都民居为两层建筑，分楼上、楼下两部分。楼梯位于院落正中，沿左、右两边楼梯均可上二楼。由于房屋年代久远，楼梯显得较为陈旧，台阶也是土坯垒砌，木质扶手表面磨得光滑。二楼有一个裸露的平台，设置有灶台、木床等。走廊一圈设有一米高的木质栅栏，顶部用松木搭顶，并涂抹黄黏土泥（主要起到隔热作用）。二楼顶部廊沿仍用松木，雕刻着不同的花纹。吐鲁番盆地松木少见，且木料昂贵，由此可见斯迪克·阿不都祖上是比较富有的。二楼共有 4 间居室，主要是客厅、卧室等，中间由走廊隔开，南侧为斯迪克·阿不都夫妇居住，房屋面积较大，正壁与左右壁均挂有手工制作的挂毯，颜色较为暗淡，都是近百年的老挂毯，老两口非常喜爱。房顶中间有几道支撑的粗房梁，房顶采用松木板，四周镶边吊顶，屋顶中间梯形的天窗十分引人注目。平日里老两口和儿孙居住在此。

斯迪克·阿不都祖上是村里有名的大巴依（维吾尔语，指土财主、地主），从他家大门上留下的硕大的哈密瓜状“门当”也可看出，斯迪克·阿不都祖上家境是殷实富足的。斯迪克·阿不都民居不仅大门上有哈密瓜状的“门当”，在一层、二层的门上也有

“门当”，一层的“门当”已损坏，二层的绿色门上依然完好地保存着锯齿状“门当”。斯迪克·阿不都能很清晰地记起其小时候爷爷当家时，生意做得很大，家里每天车水马龙，而父亲是知识分子，但他也不知道该所房屋建造的时间，至今家里仍存有一些有年头的契约书。

阿不都热合曼·尼亚孜民居 阿不都热合曼·尼亚孜民居位于麻扎村西北，整个民居坐北朝南，占地面积700余平方米，建筑面积300多平方米，主室共有房屋四间，另有地下室一间，民居大约建造于18世纪中期，距今至少有200年的历史。

阿不都热合曼·尼亚孜民居在一处深巷片区，处在火焰山坡腰处，地理位置较高。该片区共有住户五户，阿不都热合曼·尼亚孜民居处在中部东侧，其外部最明显的特征是有一个拱形走廊。阿不都热合曼·尼亚孜民居为单层结构生土建筑，院内一侧还留存着年代久远的土坯砌成的土炕，房屋东侧掏挖有一个地下室。进入主室内，立刻感受到一股浓厚的生土气息。房屋墙体厚度足足有1.2米，因年代久远，墙壁已熏黑，房屋显得很暗，屋顶留有一个40厘米见方的天窗，室内有一个占房屋约2/3面积的大土炕，四面墙壁上有壁龛。正面墙上开设大壁龛，其他墙面上开设

室内壁龛

游客参观阿不都热合曼·尼亚孜民居

小壁龛，形状有长形、方形、菱形，还有的在长形、方形上面又叠加了拱形。壁龛里放满了古董，有油灯、罩灯、陶罐及一些古老的生产用具等。房屋右墙壁是一个欧式风格的壁炉，用于冬季取暖。与此屋相通的右侧房屋早已不居住，平时用来储藏杂物。这两间房屋平日里主人是不居住的，主要供游客免费参观。

吾拉音·吾守尔民居 吾拉音·吾守尔民居位于麻扎村东部，是一座两层结构的建筑，民居建造于19世纪，距今已有近200年的历史。

吾拉音·吾守尔民居为两层结构，没有庭院，其最为显著的特征是一层有一个供村民南北通行的过道。该民居一层房屋为杂物间，房屋南侧为羊圈、牛圈，沿曲折、狭窄的楼梯可上二楼。二楼的特点是有一个十余平方米的半开放式房屋，房屋一角是灶台，另一边有土坑，供家人和亲友夏季休憩所用。二楼房屋分为正屋套间一个和侧屋四间。正屋套间主要是老人居住，侧屋四间为两个儿子和儿媳居住，旁边有个过道可通往村中小渠，渠边有几棵百年桑树，夏季全家人可在这里纳凉，环境清新雅致。

吾拉音·吾守尔民居外观　　季节　摄

冯·勒柯克故居

冯·勒柯克故居　冯·勒柯克故居位于苏贝希河西岸，与斯迪克·阿不都民居南侧相连。该民居为两层结构生土建筑，房屋共计 6 间。该居建造时间大约在 18 世纪，距今至少有 200 年的历史。古老的大门上斑斑驳驳，门楣上依然保存有太阳形状的“门当”。该居的特色是一层房屋墙壁上整齐的壁龛，但大小不一。房屋中间是一个封闭的走廊，楼梯位于房屋西侧。一层保留相对完好，但由于年代久远，无人居住，房屋破损严重，尤其是二层大部分房屋屋顶已大面积坍塌。2016 年，当地政府已制定保护措施，正着手恢复民居的原貌，向游客开放。

冯·勒柯克，全名阿尔伯特·冯·勒柯克，德国一个探险队员，曾先后三次组团到吐鲁番，冯·勒柯克两次居住在这里，挖掘和盗取了吐峪沟石窟寺大量的珍贵文物。冯·勒柯克在其所著的《新疆地下文化宝藏》一书中对吐峪沟也进行了专门记载。

萌动的古村庄

李保民　摄

◉ 古村保护

鄯善县非常重视麻扎村古村落的保护，从多方面开展保护工作。

组建保护协会 2008 年 2 月，鄯善县文物局专门设吐峪沟麻扎村工作站，安排专人负责相关文物的管理与保护。是年，鄯善县组建了由县文物局、城建局、吐峪沟乡人民政府、文管所等部门公职人员和麻扎村 67 名村民组成的“吐峪沟乡麻扎村古村落保护协会”，协会下设石窟看护、村落保护、古桑树养护等小组，并明确成员分工、薪酬待遇、责任追究、人员力量保障等内容，确保麻扎古村保护工作常态化开展。

古树名木保护 古树名木是村落历史的见证、活的文物，也是古村旅游资源的重要组成部分，具有极高的科研、生态、观赏和科普价值。具体保护措施主要有以下几个方面。一是建立古树名木档案。对古树名木进行全面摸底调查、统计筛选，系统地查清古树名木的资源分布和生长状况，对村内 24 株历史在百年以上的桑树全部登记在册，设置保护标志，并安排专业技术人员定期对古树的生态环境、生长发育状况和保护现状进行动态监测和监督管理。二是建立保护管理体制。建立以政府主导、村民为主的保护管理机构，实行乡镇林业部门与个人共同保护管理的措施，并建立古树名木保护基金会。三是落实分类保护。对公共场所古桑树、院落周边古桑树、院落内部古桑树实行分类保护，分别提出不同保护措施。对公共场所、院落外部的古桑树，四周用砖墙进行围砌，分配到就近家庭或专人负责保护管理，并监督和防止参观游客对古树的破坏。同时，古树名木长时间在同一地点生长，土壤肥力会下降，安排乡镇技术人员定期进行测土配方施肥，修剪古树名木的枯死枝、梢，检查古树的病虫害情况。对院落内部的古树，强化庭院住宅人员的保护意识，签订古桑树保护目标责任书，明确家庭成员对古桑树的日常养护责任。

古民居保护 对有 150 年以上历史的 65 户民宅，坚持修旧如故，在保持建筑格局和风貌的同时，允许对其内部进行修缮更新，主要是厨卫设施的配备，并把 3 户民宅作为旅游开发所用，供游客参观。同时，对年久失修或受洪水灾害影响的 60 余户坍塌破损古民居进行修缮，抢救坍塌危房 15 户，安装仿古木窗 180 个，并对 300 余户民居进行了立面改造和庭院硬化。

基础设施保护 2011 年，投资 510 万元（国家补助 408 万元、地方配套 102 万元）

实施吐峪沟乡麻扎村历史文化名村保护基础设施建设，重点实施道路改造 580 米、给排水管网 740 米、电力改造 2800 千米以及消防和环卫设施建设。投资 3610 元实施麻扎村路灯照明工程、居民照明电路改造项目；投资 127 万元在吐峪沟景区内新建水冲式旅游厕所 2 座，购置清洗车、垃圾车、洒水车及 10 个大垃圾箱，设置垃圾池 5 座，垃圾桶 30 个。2014 年始，鄯善县整合传统村落保护、特色村寨保护及扶贫工作、美丽乡村建设、农村综合环境整治等资金 3000 余万元，先后完成了麻扎村 800 余米大河水渠的维修和人畜安全饮水等问题，在麻扎村内安装太阳能路灯。同时，考虑麻扎古村落的综合承载力，结合麻扎古村保护规划实施，相继完成了占地 400 亩的麻扎新村规划和一期新村建设工程，建设抗震房 139 套，并投资 130 余万元完成水、电、路等配套基础设施建设。

改造前的古民居

改造后的古民居

民间艺人保护 为传承和保护麻扎村民俗文化，对包括麻扎村在内的整个吐峪沟村本土民间艺人进行摸排深挖，建立了艺人库，专门组建了由 22 名民间艺人组成的美力斯文艺演出队，积极申请县文化体育广播影视局对 15 名老艺人每月发放 600 元的生活补助。同时，以弘扬民俗文化和加强民族团结为主旋律，经常性地组织民间艺人开展形式多样的文化活动，并结合吐峪沟景区的开发，随时满足游客观看演出的要求。

吐峪沟石窟寺

吐峪沟石窟寺距今已有1700余年的历史，2006年被列为全国重点文物保护单位。吐峪沟石窟寺历经千年沧桑，大部分洞窟已坍塌损毁，但断崖残壁所呈现出的轮廓依然令人震撼，而且存世石窟基本保持了原有的整体布局形态，洞窟形式丰富多样，反映出多种文化对高昌石窟艺术的影响，是珍贵的历史遗产，具有很高的学术研究价值。

历史悠久、历经沧桑、鳞次栉比、规模宏大的吐峪沟石窟寺是古人智慧的彰显，更是珍贵的遗产。

吐峪沟石窟寺是1957年新疆首批公布的自治区级文物保护单位之一，2006年，被列为全国重点文物保护单位。吐峪沟石窟寺始凿于晋代，延续至唐代，距今已有1700余年历史。其中20号洞窟经碳十四测定，开凿时间约为公元240年左右。吐峪沟石窟寺两岸石壁峭立，沙坡斜倚，沟水穿谷，洞窟就镶嵌在两岸的崖壁上，叠嶂相错，鳞次栉比，规模宏大。

◉ 位置与分布

位置 吐峪沟石窟寺位于麻扎村北边的峡谷中，西距高昌故城10千米，东南距柳中故城15千米，地理坐标为北纬42°51′~42°52′，东经89°41′~89°42′。石窟寺分布面积广，从南谷口开始延绵约2千米，沟底河水穿谷而过，一个个洞窟像蜂窝似得镶嵌在东西两岸的崖壁上。在唐代，吐峪沟石窟寺被称为“丁谷窟”。

分布 吐峪沟石窟寺分布在沟东和沟西。沟东有两处较集中的洞窟群。第一窟群距大峡谷南谷口较近，位于沟西第一窟群的对面，有10座窟，其中5座较集中，仅1个窟内有壁画，但倒塌甚为严重，几被浮土掩

开凿于魏晋时期的吐峪沟石窟寺　　李保民　摄

埋，前室顶已无存，后室烟熏甚黑；另外 4 座均残破不堪。其余 5 座位于稍北的陡峭崖壁上。第二窟群位于第一窟群北 400 米处，数量较多，相对集中，分依山开凿和土坯修建两种形式。一般布局为土坯修建窟，均位于山腰处，开凿洞窟则位于其上部崖壁上，但残塌十分严重，可辨清的共 35 座洞窟，存有壁画的仅 4 座。沟西洞窟从沟口向北有三处保存较集中的洞窟群。第一处距峡谷谷口最近，能辨的洞窟有 6 座，分上、下两层，下层 3 座，上层亦 3 座，其中有 3 座洞窟残留壁画。第二处位于第一处与第三处洞窟群的中部，只能从崖下看见崖腰上有洞窟。第三处洞窟最为集中，且数量多，约有 20 座，此处洞窟多是土坯建筑，但由于倒塌破损严重，其布局不易分清。

吐峪沟石窟寺

通往石窟寺的台阶

◉ 石窟寺类型

吐峪沟石窟寺的建窟方法主要有在崖壁凿洞修窟和土坯砌筑成窟两种。一般布局为土坯砌筑洞窟，其多位于火焰山山腰处。崖壁开凿洞窟则位于土坯砌筑洞窟上方的崖壁上，但残塌十分严重，曾对游客开放的 1 号、2 号等洞窟也出现坍塌。大部分洞窟是凿岩修饰而成，即凿岩后再用 3~5 厘米厚的黄黏土抹墙面，然后在墙面作画。只有山腰开阔地带的前排洞窟和寺院遗址用土坯垒砌。

吐峪沟石窟寺从现存的洞窟形制来看，主要分为以下四种。

中心柱带回廊式洞窟　此类洞窟主室地面中央筑一塔柱，塔柱四面开龛，其中正面龛较大。塔柱前面为主室，其左、右和后面有行道。这是支提窟，也称塔庙窟。吐峪沟石窟寺此类洞窟形制较为特殊，除 2 号洞窟窟顶为券顶外，其余保留壁画的窟顶则为盝顶，是新疆石窟中所特有的，如 12 号、38 号洞窟。另外，在 12 号、36 号、38 号洞窟外顶部还凿出圆锥形塔，左、右两边有大钻孔。此类洞窟中，2 号、12 号、38 号洞窟中心柱正壁龛的佛座仍存，38 号洞窟正壁龛内佛像头和小坐佛清晰可辨。

方形窟　这种窟形主要分布在沟东崖壁，平面基本呈正方形，如 40 号、41 号和 44 号洞窟，但窟顶却有所不同。如 40 号洞窟窟顶中央有一个凹入的小型穹隆，41 号洞窟是覆斗顶窟，而 44 号洞窟为穹隆式。

长方形纵券顶窟　长方形纵券顶窟是吐峪沟石窟寺中最常见的一种洞窟形制，像 1 号、20 号、42 号洞窟，主室后壁凿有一个小屋；其中 1 号、42 号洞窟主室的两侧壁又各凿两个小屋，约 1 米见方，仅能容一人。

平面长方形的纵券顶窟　这种窟形在吐峪沟石窟寺中数量比较多，有的窟内设有低矮的土炕，有的窟内壁上还凿有存放衣物和物品的壁龛，有的还留有过道，但这种形制的洞窟一般都没有壁画。这种洞窟大部分是僧房窟，如 39 号洞窟，室内墙壁为白色。

支提窟遗址

方形窟窟顶

张永兵 摄

◉ 文物

壁画 2009年之前，吐峪沟石窟寺有洞窟94个，有编号的46个（沟东21个，沟西25个），由于西方列强的掠夺和人为破坏，洞窟原有的壁画大部分已荡然无存，只有1号、2号、12号、20号、22号、25号、38号、40号、41号、42号、44号11个洞窟残留了壁画。但现存的石窟壁画仍是新疆石窟寺中较早的，其中8个洞窟保存有相对完好的汉文题记壁画。

吐峪沟石窟寺壁画内容丰富，题材多样，主要绘有立佛、千佛、佛本生故事图、因缘故事图、比丘禅观图等。千佛是中心柱窟壁画的主要题材，几乎画满窟中各壁。千佛有的也出现在方形窟的四壁和窟顶。千佛着通肩袈裟，横成排、竖成列，各佛之间画有长方形边框。石窟内佛和菩萨的坛座，或为莲瓣式蒲团，或为木凳，或为胡床。吐峪沟石窟寺的绘画风格独特，人物栩栩如生，形态各异，服饰有袒右式袈裟、圆领套头式、双襟式等，颜色多以朱红、石绿、石青、赭、灰色为主。

吐峪沟石窟寺壁画（一） 黄彬 摄

吐峪沟石窟寺壁画（二） 黄彬 摄

吐峪沟石窟寺壁画（三） 张永兵 摄

1 号洞窟之净土化生图　　张永兵　摄

12 号洞窟之说法图　　张永兵　摄

12 号洞窟之平棋图　　张永兵　摄

2 号洞窟之千佛图　　徐东良　摄

20 号洞窟之飞天图　　徐东良　摄

25 号洞窟之立佛图　　徐东良　摄

38 号洞窟壁画　　张永兵　摄

日月星辰图　　张永兵　摄

日月星辰图（局部）

40 号洞窟壁画　　张永兵　摄

41 号洞窟之坐佛图　　张永兵　摄

41 号洞窟之内景　　张永兵　摄

42 号洞窟之禅观图　　张永兵　摄

44 号洞窟之说法图　　张永兵　摄

44 号洞窟之忍辱仙人图　　张永兵　摄

44 号洞窟之婆罗门妇害姑缘图　　张永兵　摄

44 号洞窟之莲花夫人缘图　　张永兵　摄

44 号洞窟之毗楞竭梨王本生图　　张永兵　摄

吐峪沟石窟寺莲花底座

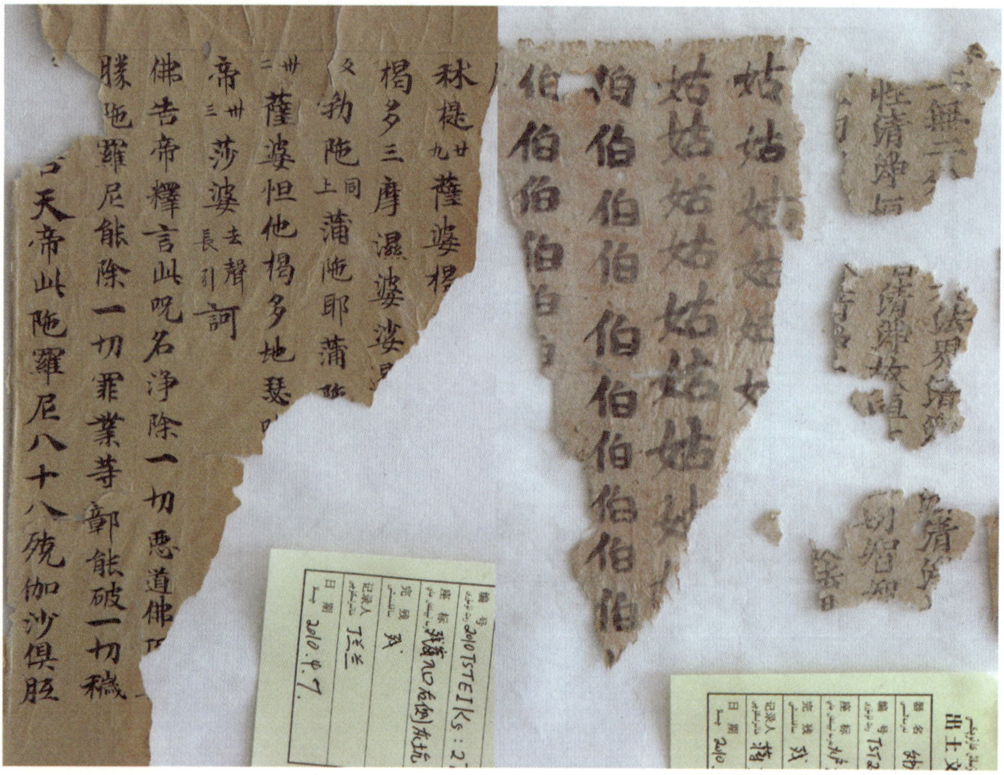

吐峪沟石窟寺出土文书

徐东良　摄

残卷 吐峪沟石窟寺出土的文物众多，其中很多文物由列强盗掘而收藏于相关国家博物馆内。除了富有特色的石窟壁画外，吐峪沟石窟寺还出土了写经残卷，留有“大凉王且渠安周所供养经”字样，即王室写经。

文书 自2010年春季开始的吐峪沟石窟寺保护性发掘中，又出土了大量的纸质文书（残片），有佛经写本、世俗文书、古书注本等，包括汉文、粟特文、藏文、回鹘文、婆罗迷文等多种文字，还出土有塑像残片、纺织品、铜钱等文物。

◉ 丁谷寺

位置 丁谷寺是吐峪沟石窟寺的重要组成部分，地处火焰山坡顶的台地上，高80～100米，南北长约130米，东西宽约65米，是吐峪沟石窟寺中声名最大的一处寺院，1916年毁于一次地震，现只存有2米多高的残墙断垣。

佛寺 早在南北朝时期，因麻扎村处在火焰山东西两岸沟壑之中，沟水穿谷，形如丁字，故称“丁谷口”。唐代时吐峪沟石窟寺称为丁谷窟，丁谷窟中最大的寺院则称“丁谷寺”。《西州图经》记载“丁谷窟有寺一所，并有禅院一所。右在柳中县界，至北山廿五里丁谷中。西去州廿里。寺基依山构，揆巘疏阶，雁塔飞空，虹梁饮汉，岩峦纷虬，从薄纤眠，既切烟云，亦亏星月。上则危峰迢遰，下则轻溜潺湲。实仙居之胜地，谅栖灵之秘域。见有名额，僧徒居焉。”从《西州图经》的描述中可以得知，在吐峪沟星罗棋布的寺院中，包括丁谷寺在内的多数寺院背依危峰，下临清溪，四周绿树掩映，佛寺、禅院密集，香火不断，人在沟谷深处，竟难见星月。佛寺中的高塔，耸入云霄；横跨沟谷东西两岸的桥梁，如彩虹在天。僧徒往返沟谷两岸如履平地，毫无攀缘。

20世纪初，德国冯·勒柯克在吐峪沟石窟寺“考察”时，发现这个葡萄园似的美丽山谷，四周峭壁上有许多佛教洞窟，有两处规模很大的寺庙遗址建于陡峭的悬崖上，跨沟相望。这就是《西州图经》中记载的丁谷寺和沟谷西崖上禅院。

丁古寺遗址

◉ 石窟寺盗掘

自 1879 年俄国植物学家艾伯特·雷格尔到访、开启探寻和挖掘吐峪沟的大门后，吐峪沟石窟寺就不断遭受外国人的盗掠。西方列强们用极其卑鄙和残酷的手段盗掘了吐峪沟石窟寺的众多文物，使这里满腹沧桑，一片狼藉。吐峪沟石窟寺经过多次洗劫，石窟内的壁画 90% 以上已经圮毁无存，只有少数洞窟还残留少量的壁画，遗物更是寥

寥无几。

俄国人盗掠 清光绪年间（1875—1908），俄国植物学家雷格尔沿伊犁河、巩乃斯河溯源而上，翻山越岭，到达吐鲁番盆地。在吐鲁番逗留期间，除了采集一些植物标本外，他还考察了一些历史遗迹，其中就包括吐峪沟石窟寺。回国后，他连篇描述了在吐鲁番盆地的所见所闻，对吐峪沟石窟寺进行了介绍，强调吐峪沟石窟寺很壮观、很迷人，而且在那片遥远的土地上，依然保存着大量丰富的有价值的古遗址和遗留物，也因此引起了西方学者和探险家的极大兴趣，给吐峪沟石窟寺的日后命运埋下了隐患。

清光绪年间，俄国人罗伯洛夫斯基和科兹洛夫根据雷格尔记述的线索，找到了吐峪沟石窟寺，顺手牵羊带走了大量的回鹘文、汉文文书、经卷和壁画。在其考察报告中，他如实讲述了在吐峪沟石窟寺的丰富收获，进一步引起了一些西方学者的兴趣。

清光绪年间，俄国考古学家克列门兹带队到吐鲁番做考古调查。克列门兹在吐峪沟石窟寺的所谓考古调查，开启了破坏性盗窃吐峪沟石窟寺文物的先河。他在吐峪沟石窟寺不仅盗走了大量的汉文、梵文和其他文字的抄经、写本、文书、雕塑、碑铭，还用野蛮的切割方式盗走了带有中亚婆罗迷文和回鹘文题记的壁画精华部分。回国后，克列门兹写了一篇考察报告，详细描述了他在吐鲁番的所见所闻，并附了照片。

清光绪年间，科卡诺夫斯基考察吐鲁番高昌故城及吐峪沟佛教古迹时，又窃得一件纸本梵文写本，九本汉文写本，两件藏文写本，一件蒙古文印本，三件回鹘文写本，两件回鹘文汉文双语文献，以及几件粟特文文书。

清宣统年间（1909—1911），奥登堡率队又对高昌故城及吐峪沟石窟寺进行了全面详细的调查，绘制了遗址地图，拍摄了大量照片，并盗掘了一批梵文写本残卷和回鹘文文书。

德国人盗掠 清光绪年间，德国派阿尔伯特・格伦威德尔等人到吐鲁番“考察”。阿尔伯特・格伦威德尔在吐鲁番的5个多月里，对高昌故城及周边的吐峪沟石窟寺和柏孜克里克石窟进行了发掘，详细绘制了佛窟位置，记录了文物发掘地点。阿尔伯特・格伦威德尔带了46箱珍贵文物回国，其中有壁画、泥塑、木雕、木版画和梵文、汉文、回鹘文、蒙古文、古突厥文、吐蕃文手抄写本。阿尔伯特・格伦威德尔带回的诸多珍贵文物使德国人很是振奋，迅速做出二赴吐鲁番的计划。

清光绪年间，在德国做出二赴吐鲁番的计划后，阿尔伯特・格伦威德尔病了，于是就改由冯・勒柯克临时担任探险队负责人，巴图斯为其助手。冯・勒柯克与其助手巴图斯到吐鲁番后，按计划先后对高昌故城、交河故城及吐峪沟石窟寺等地进行发掘，并对吐峪沟石窟寺、柏孜克里克石窟寺进行了疯狂的破坏性盗取。

清光绪年间，冯・勒柯克第二次率队到吐峪沟石窟寺，进一步对吐峪沟石窟寺进行测量、拍照、绘图。在陡峭曲折的山谷中，冯・勒柯克找到了一间封闭的石窟密室，并将室内唐代佛教典籍，八九世纪的珍贵文物，精致刺绣品以及一个圆形有盖、绘有红、黄、蓝三色的木制舍利盒全部盗取一空，装满两麻袋运回柏林。冯・勒柯克曾在报告中说，每天都能发现钱币，大部分是中国唐代的。除此之外，冯・勒柯克一行还以残忍卑劣的手段对待世间珍品，竟使用铁锤、鹤嘴锄、凿子、锐利的钢刀，加上特制的狐尾锯将大量珍贵的壁画从墙上直接切割下来。冯・勒柯克在自己的著述中也详细描述了切割壁画的方法和过程。德国探险队将被切割下来的壁画细心地用棉花和毛毡加以包捆，然后中间垫上木板，背对背用绳子捆扎在一起，装置在木箱里运回柏林。

清光绪年间，阿尔伯特・格伦威德尔、冯・勒柯克一行第三次到新疆考察。后冯・勒柯克因病返回喀什，格伦威德尔等人继续到吐鲁番、吐峪沟搜寻宝物，当时的鄯善知县曾将此事禀报给吐鲁番直隶厅。格伦威德尔、巴图斯一行三人到吐峪沟，对吐峪沟石窟寺进行详细测量、拍摄、临摹，以补充原有资料的不足。

日本人盗掠　清光绪年间，日本人野村荣三郎等人受大谷光瑞探险队派遣，到吐峪沟石窟寺考察，盗走大量经文及文物。

清光绪年间，日本大谷光瑞探险队的橘瑞超和野村荣三郎在吐峪沟进行了为期近一个月的“考察”后，雇用当地农民 35 人，连续几天对 20 多个石窟进行了相当“干净”

日本盗掠者留下的罪证

的搜掠，疯狂盗掠了一批古代文书、手抄经本、铜立佛像、泥塑佛像头、开元通宝、佛经残片、刻花砖等文物，并张狂地在吐峪沟石窟寺窟壁留下了罪证，至今一座佛窟内的墙壁上还留有橘瑞超当时刻下的字迹。

清宣统年间，以橘瑞超和吉川小一郎为核心的探险队第三次到吐鲁番考察。根据吉川小一郎的记载，可知橘瑞超再次到吐峪沟石窟寺，又雇用了 13 名民工在吐峪沟石窟寺进行挖掘，当时因洞窟破坏得十分严重，他们仅找到少许残片。另外，通过收购古物，他们又获得了一些佛经残片，还得到若干壁画、泥塑佛像残块。

英国人盗掠　清光绪年间，英国人斯坦因到吐峪沟石窟寺窃取了一批文物。

几年后，英国人斯坦因再次到吐峪沟，对吐峪沟西岸石窟群作了重点探查，搜寻到大批佛经卷和一些非佛典籍和社会文书，并将西窟群偏北诸窟分编为 I~VII 遗址点，这在《斯坦因中国探险手记》中也有记载。

此外，法国的伯希和也到吐峪沟石窟寺掠走了一些壁画和文书。

◉ 石窟寺保护

新中国成立以后，国家和自治区组织专门的科学考古考察团，对吐峪沟石窟寺进行了专业的测量、绘图、拍照，并进行了大量的文字记录。一大批中国著名的考古学家历尽艰辛，驻足吐峪沟，完成了对吐峪沟石窟寺的考察工作。著名学者黄文弼 1928 年就考察过吐峪沟石窟寺，新中国成立后再次到吐峪沟石窟寺等处进行考察。1952 年，以武伯纶和常书鸿为首的西北文物调查组考察了吐峪沟石窟寺。1961 年，北京大学阎文儒教授和一位法师受中国佛教协会的委托对吐峪沟石窟寺进行了测量、绘图、拍照，并做了文字记录。1965 年，吐鲁番地区文物保护管理所成立后，对吐峪沟石窟寺采取了维修、装门、编号等保护措施，并派专人看管。之后，武汉大学陈国灿教授、北京大学晁华山教授、新疆博物馆著名研究员贾应逸等学者和考古专家也相继到吐峪沟石窟寺进行考察。

石窟寺加固　自 2004 年开始，吐鲁番文物局先后投入资金 1000 余万元，分批分阶段对吐峪沟石窟寺进行保护加固。重点是对部分洞窟进行清理、保护、加固、维修，从麻扎村到吐峪沟石窟寺铺设木栈道，对吐峪沟大峡谷谷口处拦水大坝进行维修和加固，并增设工作用房、标志说明牌、停车场等相关附属设施。

2009 年 8 月，吐峪沟石窟寺保护加固一期工程启动，国家拨付专项文物保护资金，该工程投资总额为 95.15 万元。建设内容包括西崖试验工程、监测及临时道路修建。

2011 年 11 月 17 日，吐峪沟石窟寺保护加固二期工程启动，工程投资总额 315.86 万元。当年 12 月 10 日，吐峪沟测绘项目启动，工程投资总额 283 万元，在已有资料收集利用和现状调查的基础上，综合运用航空摄影测量与遥感、数字地形测绘、精密工程测绘、数字近景摄影测量、三维激光扫描等技术手段，以影像图、地形图、平面大样图、立面图、剖面图和三维数字模型等方式，全面描述了吐峪沟石窟寺的保存状况。

2014 年 1 月 12 日，吐峪沟石窟寺三期保护设施建设项目正式开工建设。项目总投资 1097 万元，主要建设内容为新建防洪坝、河道护坡、巡查步道等。3 月，地区文物局与上海博物馆合作“吐鲁番博物馆可移动文物预防性保护项目”。4 月，与敦煌研究院合作“新疆吐鲁番博物馆馆藏吐峪沟石窟寺壁画保护项目”。

2015 年 2 月，地区文物局与南京博物院合作“吐峪沟石窟寺出土文书保护修复项目”。2015—2016 年，重点实施吐峪沟石窟寺西崖段抢险加固项目。

专项保护 自 2009 年开始，已先后投入 2000 余万元专项保护经费，主要开展了吐峪沟石窟寺崖体及本体保护、基础保护设施建设、环境治理等保护工程。吐峪沟石窟寺抢险加固工程主要内容包括东崖洞窟坡底防护、东崖及西崖部分区域崖体加固，在实施过程中主要采用土坯砌筑、锚杆锚固、裂隙充填注浆、砼支撑墙等工程措施对崖体进行保护加固。新建护堤工程兼做文物单位的巡查步道及引水渠道，共计 1.3 千米，新建管理站房 240 平方米。

同时，在麻扎村组建由市县文管所成员、景区管理人员和村民组成的石窟寺看护小组，对吐峪沟石窟寺进行人防保护。

◉ 石窟寺发掘

至 2016 年年底，有关部门和人员已连续对吐峪沟石窟寺进行了三期保护性考古发掘，连续获得重大发现。

一期考古发掘 2010 年 3 月，中国社会科学院考古研究所、北京大学考古文博学院、吐鲁番学研究院、龟兹石窟研究院组成联合考古队对吐峪沟石窟寺进行了全面科学的考古调查和保护性发掘。

通向石窟寺的峡谷木栈道

李保民　摄

是年，联合考古队对吐峪沟石窟寺遗址进行了保护性发掘，当年就获得了重大成果，吐峪沟石窟群和佛寺遗址被评为2010年度中国十大考古新发现。其中沟东区北部清理并重新编号56处洞窟，包括支提窟、禅窟、僧房窟及其他配套生活设施等，以新编K18为中心的一组窟群最为重要，其上佛塔下中心柱的窟形，是以前在新疆地区没有见到的洞窟形制。沟东区南部还新发现一处依山坡而建的高昌回鹘时期的地面寺院，已发掘一部分，包括一处佛堂和一组生活设施。同时出土了大量的文书残片，包括汉文、粟特文、藏文、回鹘文、婆罗迷文等多种文字。有佛经写本、世俗文书、古书注本等，部分文书保存较完整，带有卷轴及题记。

二期考古发掘　2013年，对吐峪沟石窟寺进行了二期保护性发掘，又清理出一组洞窟，包括佛塔、塔殿窟和禅窟。佛塔位于该区最北侧，为一座方形基座圆形覆钵式塔。塔基用片石砌筑，边长4米，高0.4米。覆钵直径3.6米，用土坯垒砌，现仅残存西部一半，为三层土坯。佛塔之南为塔殿窟，也为土坯垒砌，具有前后室。前室前有台阶，前室后壁为窟门，主室中部稍偏北为中心柱，方形基座，柱体四壁开龛。中心柱虽然破坏严重，但出土了数量较多的壁画残块和泥塑龛楣残件。壁画有非常精美的菩萨头像、菩萨身躯。塔殿窟之西南新发现一座禅窟，正壁开一个禅室，左右壁各开三个禅室，其中东北一个禅室内发现汉文“禅”字并有回鹘文题记。

三期考古发掘　2015年，对吐峪沟石窟寺进行了三期保护性考古发掘。考古发掘发现，吐峪沟西岸中区窟群以多层式组群布局，以中心柱窟为中心，上下左右开凿或土坯砌筑僧房窟、禅窟及其他生活用窟。发掘过程中还清理出大量窟前建筑，如门道、台阶等，并发现多处洞窟改建、维修甚至封闭的迹象。这为解决吐峪沟石窟寺洞窟开凿次第、洞窟组合关系等问题提供了重要线索。同时，还有大量壁画、塑像残块和纸质文书被发现。其中有回鹘文—汉文双语完整卷轴、书写在桦树皮上的梵文残片、古藏文册页等，内容以佛教经卷为主。

古村旅游

麻扎村是秃山秃岭中的一片绿洲，纯生土建造的古村落在绿树的掩衬下，犹如一幅画卷。雄迈壮观的火焰山和神秘旖旎的吐峪沟大峡谷令人神往，是新疆摄影家协会、新疆国画院的创作基地。

麻扎村有着丰富的旅游资源，它们或豪迈壮观，或宁静肃穆，或神秘旖旎，或色彩鲜明，散发着令人难以忘怀的个性魅力。

◉ 旅游资源

火焰山　火焰山是吐鲁番最著名的景观之一，麻扎村北就是横卧的火焰山，村口正对着神秘美丽的吐峪沟大峡谷。

依偎火焰山

多彩火焰山　　季节　摄

火焰山东半部分在鄯善县境内，西半部分在吐鲁番市高昌区境内。被火焰山隔开的山南、山北气候也不相同。山南干旱、少雨、炽热，山北则相对湿润，温度总比山南低3℃～8℃。火焰山东西长98千米，南北宽9千米，平均高度500米，其最高峰就在吐峪沟大峡谷南谷口麻扎村西边，海拔831.7米。

吐峪沟大峡谷中的火焰山山体　　季节　摄

吐峪沟大峡谷上层火焰山山体

李保民　摄

火焰山之热闻名天下。在夏季7月的正午，火焰山南坡平均气温47℃，极端高温49.6℃。地表温度则都在70℃以上，最高达82.3℃。夏天的中午，游客若在沙土中埋上几个鸡蛋，只需一个小时左右，鸡蛋个个都会在连烤带捂中熟了。夏天，虽然火焰山的白天很炽热，但是每到夜间，火焰山下又凉风习习。

吐峪沟大峡谷　吐峪沟大峡谷北起312国道旁的苏贝希村，南至麻扎村，从北到南长约9千米。吐峪沟大峡谷是中国西部最具神秘色彩的地方之一，吐峪沟景区开发后，先后有日本、美国、德国、俄罗斯、印度、澳大利亚、马来西亚等国家和地区的学者到吐峪沟大峡谷参观考察。

俯瞰吐峪沟大峡谷　　李保民　摄

吐峪沟大峡谷中的奇峰异石　　季节　摄

似顽猴嬉戏的奇峰　　季节　摄

吐峪沟大峡谷雅丹地貌

李保民　摄

百年老桑园

百年老桑园

麻扎村民钟爱桑树，桑树是麻扎村栽植最多的树种。每户门前屋后靠近水的地带都会种上桑树，麻扎村也可以说是一片百年古桑园。因为桑树较多，麻扎村曾有悠久的养蚕和桑皮纸制作历史。每年春季天气变暖后，村民喜爱在桑树下纳凉聊天或嬉戏，桑树下从早到晚都会传出人们的欢声笑语。

麻扎村俗语："桑大不可砍，砍桑如砍人。"麻扎村民爱桑护桑已成为传统，村内保存着许多百年以上的老桑树。

吉祥树

吉祥树 该树高 5.3 米，胸径粗 3.14 米。树干长到一定高度后，向四周延展，枝繁叶茂，每逢 5 月，熟透的桑葚就会落满一地。通过树龄分析，该树年龄至少在 420 年以上。麻扎村民都称之为“吉祥树”。

长寿树

长寿树 在麻扎村景区管理中心的下游处，有一棵530多岁的古桑树，被当地人称为“长寿树”。该树高4.2米，胸径粗达2.99米，树干曲线般向上蜿蜒，枝繁叶茂，形似一位驼背老人斜撑着一把巨伞。夏季树枝延伸可达数十丈，树下凉风袭人，是绝好的消暑纳凉之地。麻扎村的老人们经常相聚于古桑树下，避暑畅聊。

葡萄晾房 麻扎村自古是葡萄栽植区，村民用于晾制葡萄干的土黄色、四壁镂空的葡萄晾房，与黄黏土民居融为一体，是麻扎村景观之一。

葡萄晾房是在土坯柱间砌筑土坯镂空墙体，上架棚顶的四壁都透风的简单房子。因葡萄不宜在阳光下暴晒，必须在阴凉处使其水分逐渐蒸发成干果状，才能保持其鲜甜营养和自然的色泽，因而葡萄晾房成了每家每户必备的构筑物。为了便于通风，村民一般将晾房砌筑在房顶上，若附近有较为宽敞的空地或高埠，也会在其上修砌晾房。正因为晾房家家都有，高出屋顶的晾房高低错落，并以其四面镂空的墙体形成了麻扎村落与众不同的特殊风景。

房顶的葡萄晾房

黄彬　摄

20 世纪之前，麻扎村葡萄晾房大多建在房顶上，一般为土木结构。村民建葡萄晾房要看“风水”。“风”指掌握夏季以什么方向的风为主，然后确定晾房走向，最理想的是晾房的迎风面要宽。“水”指忌在水边、树林旁建晾房，防止空气太潮湿或被树林挡住了风，延误葡萄晾干时间，影响葡萄干的成色。晾房的门一般设在东墙或北墙上，目的是防止阳光射入。晾制葡萄的器具主要是形似刺猬的“葡萄刺”，即在手臂粗细的树干上错位穿洞，串上手指粗细的树枝，倒挂在椽子上，然后在每个叉枝上挂上葡萄。21 世纪后，村民晾晒葡萄基本采用的是铁丝帘，即以铁丝相隔合适的距离绑扎出层次分明的挂架，帘子的两边固定在砌入墙体的挂钩上，上面则绑在房顶的椽子上，下方留出离地面 35 厘米的空间。这样的铁丝帘既便于通风，也便于清理掉落的葡萄，晾出的葡萄干颜色翠绿，晶莹剔透，软硬适中，酸甜可口。

麻扎村葡萄种植面积增加后，房顶上的晾房不够用，村民开始选择在山坡上或戈壁上建晾房。这些新建的晾房面积大，有土木结构和砖木结构两种，以土木结构居多。砖木结构的晾房虽然比土木结构的美观，但墙的厚度不够，上午和下午的阳光都很容易斜射进晾房，直接照到葡萄上，影响葡萄干的颜色和质量。

水洞

水洞　在吐峪沟大峡谷出口处，当地居民修建了一条水坝，将谷内来水拦作一方池塘，多余的水从坝顶溢出，飞泻而下，形成一道水幕，十分壮观。坝内的池塘水质清澈，池底的砾石清晰可见。难得一见的水洞被麻扎村居民充分利用，为干旱、酷热的麻扎村带来了绿色生机。

石榴生姿　麻扎村栽植石榴大约有2000多年的历史。因得天独厚的气候条件，麻扎村的石榴果大、皮薄、粒大、红润饱满，汁多，味甘甜清香微酸。因村民在房前屋后果园内种植作物种类较多，种植石榴并没有成规模，但几乎每家园内都会有几棵石榴树。每年的暮春到夏季，园子内火红的石榴花不间断地开放，随风摇曳，也成为麻扎村另一道风景。夏末到仲秋，园内的石榴逐渐由黄变红，树上像挂满了吉祥喜庆的“红灯笼”。

◉ 旅游开发

吐峪沟景区旅游资源丰富，特色明显，尤其是源远流长的黄黏土建筑、规模宏大的吐峪沟石窟寺、独特的民俗风情以及保留完好的麻扎古村，都是景区独有的特征。2005年，麻扎村被国家文物局和建设部评为“中国历史文化名村”。

景区基础建设 2002 年 1 月，吐峪沟旅游景区建设规划项目通过自治区评审。项目包括景区基础设施建设和旅游服务设施建设，总投资 7100 万元。是年，正式实施吐峪沟景区开发建设，重点开展景区基础设施建设，建设内容主要包括停车场、游客接待中心、办公区、游客步行木栈道以及水、电、路等基础设施改造。2004 年 4 月 26 日，鄯善县吐峪沟景区建成并举行开放仪式，于 2004 年 5 月 1 日正式对外开放。吐峪沟景区为国家 AAA 级旅游景区。2007—2016 年，吐峪沟景区游客接待人数及收入如表 1 所示。

2007—2016 年景区游客接待人数及收入表

表 1

年份	接待人数（人次）	门票收入（元）
2007	15988	274034
2008	16125	276382
2009	16261	278750
2010	17822	334465
2011	21332	445082
2012	22920	657600
2013	11500	193650
2014	22732	372200
2015	27265	427800
2016	29095	598000

游人参观吐峪沟景区

葡萄满坡 葡萄种植是麻扎村民的主要收入来源。在21世纪之前，麻扎村的葡萄皆是依地面而生，百年老葡萄沟深且宽，老葡萄墩宽大，不仅不易管理，而且有些葡萄树还因为老化长势不良，直接影响了产量和古村整体景观。进入21世纪，县乡两级政府大力扶持村民更新老葡萄园，引导村民实施统一搭架和科学管理，形成了苏贝希河两岸整齐划一、绿意盎然、碧色连天的葡萄满坡景观。

与内地葡萄管理有所不同，吐鲁番的大田葡萄，在冬天来临前，必须将所有枝蔓埋到土里，以防冻伤，到下年3月10日前后再开墩，把葡萄藤蔓从土中拿出来放在葡萄架上。因此，每年3月之后，苏贝希河岸两坡近千亩绿油油的葡萄园，宛如人工编织成的绿色大网，郁郁葱葱，连成规模，成为麻扎古村一道靓丽的风景线。在每年7月20日之后，游客还可以到葡萄园内品尝葡萄，亲身感受一下葡萄藤蔓下收获的快乐。

桑树连荫 为推进麻扎村生态环境建设，拓展吐峪沟景区旅游资源，切实把桑葚资源转化为经济优势，县乡两级政府结合麻扎村民爱桑、护桑的实际，组织村民在房前屋后及村域周边扩大桑树栽植规模，先后在村内及吐峪沟景区至高昌故城旅游专线两旁栽植桑树3000余亩。如今，麻扎古村落已被桑树包围，步入村内，随处可见桑树。桑树不仅可遮阴避暑、纳凉采风，也是村民的一项收入来源，而且是麻扎村的生态屏障。

葡萄满坡

黄彬 摄

特色长廊

特色长廊一角

麻扎村农家乐

民俗资源开发 鄯善县出台了《关于进一步加快旅游业发展的意见》《鄯善县旅游行业管理办法》等文件，并通过发放小额循环贷款、“靓丽工程”专项资金等措施，鼓励支持企业、村民挖掘民俗文化资源，发展民俗特色产业，为村民进入旅游业、从事旅游经营提供良好的发展空间。县乡两级政府还专门组织村民代表赴云南、南疆等地考察学习旅游商品和纪念品开发经营模式，激发村民从事旅游商品开发经营的积极性。截至2017年5月，村内有从事花帽、民族服装、手工刺绣等旅游商品制作的手工作坊13家，从事奇石、彩玉销售的1家，从事民俗风情游的农家乐18家，从事农副产品销售的13家。

奇石展售

民族服饰加工

农副产品销售摊点

◉ 旅游节庆

为进一步提升麻扎古村的知名度，鄯善县在麻扎村开办了特色旅游文化节，着力为村民谋求长远福祉，促进麻扎古村与吐峪沟景区和谐发展。

桑葚文化风情旅游节 为将麻扎村桑葚资源优势转化为经济优势和品牌优势，提升麻扎村旅游品牌形象，丰富吐峪沟景区旅游文化内涵，自 2008 年开始，每年 5 月上旬，在麻扎村举办以“吐峪沟桑葚季・新疆第一鲜”为主题的吐峪沟桑葚文化风情旅游节，让游客深度体验吐峪沟景区的古村文化和民俗风情。截至 2017 年，已经连续举办了十届。

吐峪沟桑葚文化风情旅游节是集旅游观光、文化交融、民俗体验、特色美食为一体的盛会，活动内容丰富，场面宏大。活动为游客免费提供桑叶茶，并对前 100 名进入景区的游客每人赠送一篮桑葚。除了县楼兰歌舞团、吐峪沟“美力斯”演出队和乡内民间艺人表演十二木卡姆（大型音乐套曲）、纳孜尔库姆（民间舞蹈）等丰富多彩、形式多样的民族歌舞外，还设有趣味性和群众参与性强的品桑茶、吃桑葚（摘桑葚）比赛、打馕比赛、传统斗鸡（斗羊）等活动。麻扎村及南邻英买里村、吐峪沟夏村的村民还为游客提供烤全羊、烤肉、抓饭、拌面、油馕、馓子、干果、瓜果等特色食品。同时，村民、艺人还会专门提供特色农产品、旅游纪念品和手工艺品等精美商品，向广大游客展售。

第十届桑葚文化风情旅游节

桑葚文化风情旅游节吃桑葚比赛

桑葚文化风情旅游节文化表演

杏花节 自 2013 年始，县乡两级政府按照吐鲁番市提出的“打造现代特色农业发展的精品版”战略，坚持“以水定林、工程造林、以林促旅、以旅兴业”的林业发展思路，在麻扎村南部大面积栽植杏树，打造万亩杏林景观工程。截至 2017 年 4 月，已栽植杏树 8000 余亩。

吐峪沟杏花节集旅游、文化、民俗、美食、手工艺品展销等为一体，主要活动有歌舞表演、打馕体验、斗鸡和斗羊比赛等。餐饮商户还会准备烤全羊、烤肉、抓饭、油

杏花节

馕、馓子、糕点、干果等特色美食，还有特色农产品、纪念品、手工艺品等。2017 年 3 月，首届杏花节还举办了摄影画展。

据不完全统计，吐峪沟杏花节共接待疆内外游客 10 万余人次。杏花节不仅丰富了村民的文化生活，也带动了麻扎村民增收，为游客提供美食、农副产品、艺术品等产品的麻扎村民，杏花节当天至少增收 1000 元以上，多的甚至达 5000 元。

万人麦西来甫 麻扎村麦西来甫是一种集歌舞、器乐演奏为一体的表演活动。每逢节假日或喜庆活动，麻扎村都要举行群众性的麦西来甫活动，男女老少聚集在一起，鼓乐齐鸣，载歌载舞，兴尽方休。为了弘扬麻扎村麦西来甫文化，鄯善县已先后在麻扎村举办了四次全县大型麦西来甫活动。

万亩杏花

万人麦西来甫　　李保民　摄

◉ 旅游建设

吐峪沟旅游小镇建设　2017 年，吐峪沟旅游小镇开始建设。吐峪沟旅游小镇实质为游客服务中心，位于麻扎村与吐峪沟夏村之间，距吐峪沟景区 500 米。旅游小镇建设分为两个标段：一标段包括房屋建筑和市政基础设施工程；二标段包括设备用房、外网、街道铺装、外立面黄黏土文化墙、绿化、亮化等。2017 年 5 月 7 日，举办旅游小镇奠基仪式。

吐峪沟旅游小镇奠基仪式

配套设施建设 为提升吐峪沟景区综合服务水平，县乡两级政府在麻扎村着重开展旅游服务接待、美食烹饪、手工艺制作、民族服装加工等旅游相关技能培训，积极引导村民参与旅游业、挖掘旅游资源、共同发展麻扎村旅游业，切实推动村民增收。同时，不断加大景区配套设施建设，积极整合中国历史文化名村、中国传统村落、少数民族特色村寨以及扶贫、美丽乡村建设等资金，加大吐峪沟景区道路、饮水、环境卫生等各项基础设施建设。

◉ 旅游项目

徒步爱好者乐园 县乡两级政府充分利用吐峪沟大峡谷的壮美景观，着力把吐峪沟大峡谷打造成户外徒步和探险的乐园。每年的春季到秋季，麻扎村北 9 千米的吐峪沟大峡谷是户外徒步爱好者的理想路线。

民俗风情体验 主要包括参加古村婚礼、摇床礼等庆祝活动，参加打馕、刺绣等活动，开展“葡萄树认领”等。对自愿认领葡萄树的游客，实施一人一树一牌，游客可随时带领家人参与葡萄开墩、埋墩、修剪、采摘、养护等实践活动。在葡萄成熟季节，还可携家人一起到葡萄树下摘葡萄、吃葡萄、晾葡萄，体验葡萄栽培管理过程，享受劳动的快乐。

大峡谷风貌 季节 摄

本土画家写生

拍摄、写生、创作基地

影视拍摄基地　麻扎村历史文化悠久，民俗风情浓厚，建筑风格独特，尤其是村内保存完好的黄黏土村落、四通八达的古街道等实景，为影视剧提供了一个绝佳的拍摄基地。2004年，著名导演徐克执导的《七剑下天山》，首次到麻扎村选景拍摄。此后，一些影视剧陆续在这里布景、选景和拍摄。如第41届柏林电影节最佳儿童片奖获奖影片《火焰山来的鼓手》，还有《冰山上的来客》《额敏和卓》《赵丹传》《阿娜尔汗》《大唐玄奘》《化剑》等众多影视剧。

采风写生、创作基地　错落有致的黄黏土民居在火焰山和吐峪沟大峡谷的衬托下，愈发古朴素美。麻扎古村也因此触动了画家、摄影家的创作灵感，他们在麻扎村创作出了一些精品。2010 年，新疆摄影家协会将麻扎村列入创作基地。2017 年，新疆国画院将麻扎村作为采风写生基地，来自全国的著名画家纷纷到麻扎村写生。

◉ 旅游线路

为加强麻扎村与周边资源联动，拓展吐峪沟景区内部空间，提升吐峪沟景区外部竞争实力，更好地推动村域经济增长，鄯善县积极协调争取，使吐峪沟景区加入到吐鲁番盆地和新疆的旅游营销服务网络，通过开发设计合理的旅游线路，提升吐峪沟景区的知名度和竞争力。

精品旅游线路

吐鲁番精品游线：葡萄沟景区—坎儿井景区—交河故城—火焰山—吐峪沟景区—鄯善库木塔格沙漠。

吐鲁番品质游线：葡萄沟景区—坎儿井景区—高昌故城—阿斯塔纳古墓—吐峪沟景区—库木塔格沙漠。

吐鲁番文化游线：吐鲁番市—高昌故城—吐峪沟景区—洋海古墓—鲁克沁—迪坎乡—鄯善县城。

鄯善精品游线：吐峪沟景区—鄯善库木塔格沙漠—恐龙家园—鄯善县城。

鄯善县历史文化古迹游线路：吐峪沟景区—达浪坎吐鲁番郡王夏府—鲁克沁柳中城—东大寺—赤亭—蒲昌村—鄯善库木塔格沙漠风景区。

环东天山游鄯善旅游线路：木垒—鄯善线路（南湖大漠奇石城—海市蜃楼观景点—恐龙谷—鄯善沙漠库木塔格风景区—蒲昌村—大学生创业园—吐峪沟景区）。

自驾游线路

吐峪沟一日游：驾车从 312 国道南下至吐峪沟大峡谷北口—徒步穿越吐峪沟大峡谷—游览吐峪沟石窟寺及麻扎古村落—自驾至麻扎村西南万亩设施农业基地采摘。

鄯善两日游：徒步穿越吐峪沟大峡谷—游览吐峪沟石窟寺及麻扎古村落—鄯善县库木塔格沙漠景区—赤亭—南湖奇石城—恐龙谷。

大峡谷口

古村风情

麻扎村一带自古就是多民族聚居地，在长期的生产生活中，通过各民族的不断交融，形成了麻扎村特有的民俗风情。

◉ 特色饮食

麻扎村民既注意饮食营养，又注重经济实惠，在饮食文化中仍保留了许多游牧民族特有的风俗，主要以面食为主，喜欢吃牛羊肉，辅以各种蔬菜、瓜果。麻扎村民在烹饪食品中喜欢原汁原味，不喜欢用过多的佐料，日常调味主要用食盐。麻扎村食品花样繁多，呈现出特有的风味。日常主要食物有馕、朴劳（抓饭）、拉面（拌面）、曲曲儿、馓子、搅团、手抓肉等。麻扎村民喜喝茶，茶以砖茯茶为主，茶中常泡有茴香、一枝蒿、薄荷、玫瑰花等，用于祛病健身。

特色馕坑

馕　馕的历史悠久。1972年，自治区文物考古工作者在与麻扎村相邻的高昌区三堡乡阿斯塔那古墓中发现了残馕，经专家鉴定是公元640年的葬品，其制作形式和现在的馕完全一样。馕是麻扎村民主要的面食之一。馕用馕坑烤制而成。馕坑是用黄黏土作坑坯，高约一米左右，肚大口小，形似坛子。坑底烧火，当坑壁烧透发烫时，把擀好的面胚贴在坑壁上，根据面胚的大小、厚薄掌控时间，烤熟即食。

高粱馕

馕多呈圆形，有小麦面、高粱面、玉米面、荞麦面等不同材质，也有用小麦面和高粱面、玉米面、荞麦面混合制作的，有大有小，有厚有薄，但都烤出焦黄颜色，吃起来又香又脆，可以储藏很长时间而不变质变味。根据馕的形状和制作方法，馕分厚馕、薄馕、窝窝馕、甜馕、肉馕、小油馕等多种。

产品展销中的馕

随着社会的进步和生产力的发展，麻扎村的馕在花色品种和质量上都比过去有了很大的提高和改进。馕和面时加盐水，烤出的馕带咸味；不放盐的则在馕的表面抹一层冰糖水，烤成甜馕；馕表面添加芝麻、洋葱等佐料，烤出的馕香气袭人；还有一种油馕，只用鸡蛋、牛奶、清油和面，烤出的馕十分酥香松脆。除了素馕，还有肉馕，制作方法是在发酵好的面里加进已调味的羊肉，或是制作成馅饼状，再放入馕坑烤熟。

打馕

麻扎村的馕坑，不仅可以烤馕，还可

以烤包子。烤包子是将面皮擀薄，馅用羊肉、羊尾巴油、洋葱切成丁后以孜然、盐和胡椒粉调味，用擀薄的面皮包上馅，四边折合成长方形，贴在馕坑里烤，十分钟即熟。馕坑还可用来加工馕坑肉，比日常的烤肉要美味营养。

做馕的技术在麻扎村是普及的，无论男女都会做。到麻扎村民家做客时，村民会第一时间拿出自家做的馕来招待客人。

抓饭　　黄彬　摄

拉面（一）　　黄彬　摄

拉面（二）　　黄彬　摄

抓饭　麻扎村民把抓饭称为“朴劳”。抓饭是用大米、羊肉、羊油、清油、洋葱、胡萝卜混合焖制而成。它的做法是先用清油和羊油将切成块状的羊肉炒到七八成熟，再放上洋葱、胡萝卜条合炒，然后加入少量水煮，并把泡了一阵的大米铺在上面，将锅封严，焖 20 分钟即熟。食用时把抓饭搅匀，盛在盘中，用手指握成勺型抓食。抓饭的做法在不同情况下有不同的用料，除了羊肉抓饭，还有用牛肉、鸡肉做的抓饭。麻扎村有些村民做抓饭时，还经常用葡萄干、杏干等食材作为配料。二十世纪六七十年代，麻扎村民还用高粱米代替大米做抓饭。

抓饭是麻扎村宴请宾客和改善伙食的一道必备食物。逢年过节、婚丧嫁娶，村民都必备抓饭待客。传统习惯是先请客人们围坐在炕上，中间铺上一块干净餐布，随后端来几盘抓饭，置于餐布上（习惯是 2~3 人一盘），食用时多用三指捏食吃。随着生活条件和卫生条件的改善，现在许多家庭宴请客人时，一般都备有小勺。

拉面　拉面，维吾尔语称“兰格曼”，俗称拉条子，是一种不用擀、压而直接用手拉制成细条状的面食。拉面是麻扎村民的日常主食。

拉面的做法：在和面时加适量的盐溶入水中，用淡盐水和面，面要不硬不软，一般都要醒上20分钟左右。然后将面搓成长圆条状，并在表面抹上一点清油，再盘绕在盘子或面盆里。待锅中水烧开后，再将盘好的面条在案板上边拉边抻边甩打，拉到一定细度后下锅煮，煮熟后用凉水拔一拔装盘，拌上炒好的菜，这种拌菜吃的面也叫拌面。根据炒菜的种类分为肉菜拌面和素菜拌面，有过油肉拌面、豆豆拌面、鱼鱼子拌面、西红柿鸡蛋拌面、大盘鸡拌面等。麻扎村民用于拌面的菜一般偏清淡，不仅调料用得少，而且油用得也偏少。

还有一种吃法是将煮熟的面与羊肉、辣椒、西红柿或其他蔬菜同炒，菜熟即可，这种面叫炒面。生活中常吃的炒面有拉条子炒面、揪片子炒面、丁丁炒面等。区别是：将拉面切段与菜同炒叫拉条子炒面，将面剂子压薄揪成四方片状煮熟与菜同炒叫揪片子炒面，将拉面切成碎丁煮熟后与菜同炒叫丁丁炒面，几种炒面各具风味、各有特色。

手抓肉　手抓肉是麻扎村民最喜爱的羊肉食品之一。手抓肉的做法很方便，但有一定的讲究。制作时，将新鲜的羊肉放进凉水锅里，加火待羊肉锅慢慢烧开后，先撇去浮在上层的血沫子，再用勺子不停地舀锅里的汤往肉上浇，直浇到血沫子不见为止，手抓肉煮到七八分熟时，还可以往锅里加胡萝卜条或土豆块、恰玛古（蔓菁）等食材，肉快熟时，再放上盐、洋葱，再煮一会儿便可盛出食用。一般来说，做手抓肉都用羊羔肉或两岁以内羊的肉，在煮羊肉时，放些姜片就可，不用其他任何调料。这样煮熟的羊肉味道纯正、肉质嫩香、鲜美可口。食用时在羊肉上撒一些生洋葱，味道会更鲜美。

手抓肉　　黄彬　摄

卡瓦甫 俗称烤肉。烤肉在麻扎村饮食中占有特殊地位。随着社会的不断发展，“烤肉”现在已不局限于烤制羊肉了，还有烤肝子、烤牛板筋、烤腰子、烤鱼、烤馕等，一般还是以烤羊肉为主。

柳条烤肉

烤肉的主要做法：取新鲜的羊后脚肉或里脊肉，切成 2~4 厘米的小厚片，把切块羊肉放进鸡蛋、面粉和佐料混合的糊浆中浸泡一下，再用柳条（铁签或竹签）串起来，每根柳条上串 4~5 块羊肉。将专用烤肉铁槽加木炭点燃，将肉串架在铁槽上面，烤约 5 分钟，撒上盐、辣椒粉和孜然粉，再翻转重复同样步骤至肉烤熟即成。麻扎村民烧烤所用的佐料主要是盐、辣椒面、孜然三样，也有在烤肉上撒洋葱末的，但是烧烤方法无论怎么变化，都不能缺少孜然。

烤肉还可用馕坑烤，俗称馕坑肉，但馕坑烤肉需要特殊的铁架，将肉块串在铁架钩上，放入烧透发烫的馕坑中烤制 5~10 分钟即可。馕坑烤肉外酥里嫩，口感更为鲜美，风味也更为独特。

烤肉中最具特色的是烤全羊。烤全羊一般都选用上好的羯羊，剥皮弃蹄，清除内脏，在羊身上涂抹蛋黄、盐水、姜黄、孜然、胡椒粉、面粉等调制的糊状佐料，用特制的烤炉炙烤，烤熟后焦黄发亮、浓香四溢。

花式馓子

馓子 馓子是麻扎村民偏爱的一种油炸食品，以前多在肉孜节、古尔邦节期间制作，现在则是日常食物和待客食品。馓子的做法很考究，要用花椒水、熟油、鸡蛋清、奶粉、盐和面，待面揉均匀后搓成细条，表面涂抹清油，在盆中盘成数层，醒半小时后再把面团像做拉条子一样搓条拉细，用两只特制的长筷子撑开，放进八成热的油锅里炸。炸制过程中，要不停地翻动手中的筷子，使其成形。炸熟后，捞出摆放在事先准备好的大盘子里，一层一层地摞成塔状，摞时要趁热将碾成粉的白砂糖撒在馓子上面。进入 21 世纪，生活条件日渐变好的麻扎村民又制作出了花式馓子，形状虽与传统馓子不同，但做法相同，只是放入油锅前要将面压扁，做出形状后再放入油锅。这样馓子不仅形状美观、色泽黄亮，而且酥脆爽口。

汤饭 汤饭是麻扎村民日常主要面食之一，多在晚间食用。麻扎村民多做揪片子汤饭或面旗子汤饭。主要做法：将羊肉切块或切片，入油锅翻炒均匀，加土豆、胡萝卜或恰玛古（蔓菁）、盐，翻炒均匀，加西红柿翻炒出香味，加水大火烧开，也可放入蘑菇、豆腐，转中小火保持汤开的状态，然后把醒好的面压扁揪成片状入锅，最后放入香菜（或小白菜、芹菜叶）即可食用。也有的做法是，锅内不放食用油，直接用羊排骨做汤，羊排骨煮熟后在汤内放一些西红柿、土豆丁、萝卜丁、恰玛古、蘑菇等，再揪面片放入，食用前放入素菜、香菜即可。麻扎村民做出的汤饭色、香、味俱佳，面软而滑，易于消化，汤鲜美可口。面旗子汤饭做法与揪片子汤饭做法相同，相对较为节约时间，将面擀成薄皮后切成菱形状放入汤中煮熟即可，有的还要在汤饭里加进一些煮熟的白豆豆（即白豇豆），这种汤饭也叫豆豆汤饭。

汤饭

曲曲儿

曲曲儿 麻扎村民制作的“曲曲儿”类似水饺与馄饨的混合体。其制作方法是将偏肥或半肥半瘦的羊肉切成肉末，再加洋葱、盐、胡椒粉、孜然粉、味精和少许的水拌成馅。然后，用擀好的薄面皮切成方形或梯形，再将肉馅包在面片里，下锅煮熟，煮熟后在汤里放上一点切碎的香菜即可。

羊杂碎 黄彬 摄

羊杂碎 在麻扎村，每逢节庆或婚礼前村民都会宰羊，并制作羊杂碎待客，还有个别村民专靠制作羊杂碎谋生。在麻扎村，羊杂碎制作四季都有。

诺鲁孜饭

搅团

吐热买（菜卷）

羊杂碎中有面肺子、米肠子、羊肝子、羊心、羊肚子、羊头、羊蹄等。

面肺子的做法：首先将羊肺用清水反复灌洗数十次，直到把羊肺洗得发白。在洗去面筋的面糊中放盐、孜然粉、清油，然后灌入羊肺中，灌满后扎紧气管，放入水中煮熟即可。食用时切成小块，根据不同的口味，撒上胡椒面或辣椒面，再撒上孜然，放点盐、淋点醋即可食用。

米肠子的做法：羊小肠洗净后，将大米、胡椒粉、孜然粉、精盐和适量的胡萝卜丁搅拌均匀后灌进羊肠中，两头用线扎紧，放入锅中煮熟即可。食用时切段装盘食用。

羊肝子、羊心、羊肚子、羊头、羊蹄都是洗净后下锅煮熟，食用时，用盐、胡椒、孜然、醋等佐料调拌即可。

诺鲁孜饭 即肉粥，以前主要是诺鲁孜节时食用，现在麻扎村民除了诺鲁孜节必做，日常也会做诺鲁孜饭。主要做法：羊肉丁与花生、绿豆、豇豆、红豆、红枣、核桃仁等食材同煮，待豆类煮熟时，再依次放入大米、胡萝卜、恰玛古（蔓菁）、杏干、葡萄干、小米等，等食材煮熟成粥状时，放盐和香菜即可。这种吃法类似八宝粥，只是诺鲁孜饭食材更多更广，而且是必须放盐才可。

搅团 麻扎村居民还有一种常吃的面食叫搅团。搅团是用白高粱面制作的。其做法是：锅里的水烧开后，将白高粱面往锅里撒，边撒边用铲或勺顺着一个方向搅。要想不夹生，撒面就要均匀，搅的速度要快。用面量可根据个人喜好定，爱吃软一点的可以少撒点面，爱吃硬一点的可以多撒点面。锅中面糊熟了，要赶快将锅端开，放到一边，否则锅底会糊。吃时，要将搅团分盛在碗中，舀一勺事先炒好的带汤的菜，用筷子将搅团夹成小块吃。搅团做起来不易，尤其是对火候和搅拌速度要求高，年轻人已基本不做，只有年老的村民依然会做搅团给家人食用。

吐热买 即菜卷，麻扎村民制作的吐热买有荤和素两种。其制作方法：第一步将羊肉切成小肉丁，时令小青菜或胡萝卜切碎，再加洋葱、盐、少量孜然粉拌成馅；或将新鲜的苜蓿（或小白菜、野菜等）、大葱（或洋葱）洗净后切碎，加入盐等佐料拌成馅。第二步将发面团或死面团擀成薄面皮，将馅平摊在面皮上，再将面皮慢慢卷成条状，切成10厘米左右的小段，上锅蒸熟即可。

艾拍特（锅贴包子）

艾拍特 这是麻扎村一种利用烤和蒸而烹制的菜包子，也是内地人称的锅贴。其制作方法是将羊肉切成小肉丁，时令小青菜切碎，再加洋葱、盐拌成馅。然后，将发好的面团擀成一个个面皮，加馅包制成包子，在锅内添置适量水，待水开锅热，在包子上涂上少量盐水，贴在锅壁上烤和蒸熟即可。

羊（牛）肉盖饼

盖饼子 顾名思义就是将面饼盖在肉菜上，是一种利用煮肉的蒸气将面饼蒸熟的菜与主食合一的美食。其制作方法是将羊肉或鸡肉切成块状，放入油锅内红烧至七八分熟后，加入与肉块同等大小的胡萝卜或白萝卜块，再放入适当水，将发好的面团擀成一个个面饼，涂上清油调制的香豆粉（一种香料），平铺在红烧肉块上。煮肉的水蒸气将面饼蒸熟即可食用。

皮提曼塔（薄皮包子）

茶

皮提曼塔 就是薄皮包子，只是外形上有所不同。主要做法是选用上好的羊肉切成小肉丁，再加洋葱、盐、孜然拌成馅。将和好的面团擀成薄面皮，包上调制好的馅上锅蒸熟。薄皮包子色白油亮、皮薄如纸、肉嫩油丰，伴有洋葱浓郁的香甜味，吃时在薄皮包子上撒适量胡椒粉，不仅可以提味，还能增加人的食欲。村民一般在做抓饭时，会做些皮提曼塔一起食用。

茶 麻扎村民爱喝茶，可以说不可一日无茶，这是沿袭了先民的饮食习惯。沏茶时一般都会放入玫瑰花、薄荷、茴香、一枝蒿等，十分清香和醒脑。麻扎村民不仅自己时时喝茶，待客也必用茶招待，若家中有客来访，主人都会第一时间奉上热茶，以显示对客人的尊敬和欢迎。

因为麻扎村每家每户都有畜牧养殖，村民还爱喝在茶里加鲜牛（羊）奶熬制的奶茶。制作方法是茶叶放到壶里煮开后，将已熬好的纯鲜牛奶倒进茶壶中，然后加适量的盐。喝时，茶壶要离开火，倒进碗里的奶茶，稍一晾冷，表层就会有一层薄薄的奶皮。奶茶喝到嘴里纯香可口，微带咸味，既解渴，又解酒。

糖果 麻扎村民以白砂糖为原料，用色素和不同的温度，熬制出味美而独特的糖果，成为村民生活中的必需品。

“比切克”是一种乳白色的小块糖，糖内含有小蜂窝，吃起来松软、味甜而可口；“曼排孜”是传统的水果糖，外面不用包装纸，五颜六色，十分好看，这种糖里一般要加一些柠檬酸，吃起来酸甜可口；“帕塔孜”是较大的板块糖，厚有3~5厘米，形状无规则，颜色为黄、粉、天蓝三种，食用时掰成小块；“纳瓦特”是冰糖。在麻扎村民的心目中，最甜的东西不是蜜，而是“纳瓦特”。村民形容最甜的瓜果都说似“纳瓦特”，形容某人会说话就说其嘴里含了“纳瓦特”。

村民把各种糖果作为馈赠亲朋好友的礼品。特别是将“纳瓦特”赠送给老年人或长辈，是表示对长者的尊重。

◉ 特色物产

葡萄系列

鲜葡萄　麻扎村是吐鲁番盆地无核白葡萄的产地，葡萄栽培历史已有两千多年。无核白葡萄晶莹翠绿、皮薄无核、甜而不腻、甘美无比，在古代曾作为西域贡品，现在则被誉为“中国绿珍珠”。由于充足的光热资源，麻扎村出产的葡萄皮薄、肉脆、味甜，含糖量特别高，一般为26%~27%，过了8月后，葡萄含糖量可达28%以上。麻扎村民对葡萄主要施农家肥，基本不喷施促使葡萄果粒增大的制剂，葡萄口感纯正。

葡萄干　葡萄干不仅是麻扎村民的零用食品，也是招待客人的必备食品，还是制作抓饭、稀饭、糕点等食品的一种辅助食材。

每年8月后，葡萄开始成熟上市，麻扎村民除留存少量鲜葡萄食用外，大量葡萄

无核白葡萄　　黄彬　摄

都会在采摘后挂在葡萄晾房内阴干。成熟的无核葡萄经过 20~25 天的干热风吹晾即成葡萄干。这种阴干法制成的葡萄干，质量优良，呈半透明状，不变色。也有在阳光下直接曝晒，制成黑褐色葡萄干的。2015 年以后，麻扎村有个别村民采用快速制干法，即先将葡萄经脱水处理后，再放入荫房以烘干机烘干，大大缩短了制干时间。

葡萄干

葡萄酒　麻扎村民自古就有用葡萄酿制美酒的习俗。村民酿制葡萄酒一般选用红葡萄或马奶子葡萄，将成熟的葡萄用清水冲洗干净后，除去果梗及青粒、霉粒，用手将葡萄挤碎或捣碎，连皮、籽、果肉一起装入经过开水消毒并晾干的玻璃或陶瓷容器内，再放入适量白糖，一般 5 千克的葡萄加入 1.5 千克的白糖。葡萄和糖装到容器的 2/3 处就可以了（剩余的空间是留给发酵时葡萄皮上升的空间）。葡萄装瓶后把瓶子盖好（不要盖得很严，留有出气口，但避免进入灰尘），放在温暖的地方等待葡萄自然发酵，葡萄皮上有天然酵母菌，一般装瓶后 24 小时就有气泡出现，此后葡萄的汁液析出，葡萄皮浮起，泡沫逐渐增多。每天用勺子搅动两次，把露出来的葡萄皮压入汁液内，让葡萄皮得到葡萄汁液的充分浸泡。当容器中很少有气泡，并且基本上只剩下没有颜色的葡萄皮和葡萄籽时，发酵就基本完成了。最后二氧化碳释放，酒精味很浓，糖分减少至 1% 以下，汁液开始清澈，即为发酵结束，对其进行压榨，将皮汁分离，然后放入密封的容器中，随用随取。

桑葚系列

桑葚　麻扎村特殊的地理气候为桑葚提供了天然的生长环境。麻扎村出产的桑葚无污染、含糖量高。麻扎村桑葚个大、晶亮、甜爽美味，有白色、紫粉色、黑色等种类。麻扎村也是吐鲁番盆地桑葚较早成熟的地方。每年 5 月初，在麻扎村就可以品尝到甘甜的桑葚。由于桑葚成熟快，果实在一天内就可成熟三波以上，因此在桑葚成熟季节，桑树下时常有“桑葚雨”。

桑葚干　由于鲜桑葚不易保存，麻扎村民会将新鲜桑葚采摘后晒干。一般白桑葚晒干后偏黄色，紫粉色或黑色桑葚晒干后偏黑色。麻扎村的桑葚含糖量较高，晒干后，每一颗都像糖疙瘩一般。

桑葚汁　麻扎村每家每户都喜欢制作和储备桑葚汁。具体做法是：取新鲜桑葚洗净，放入锅中加适量清水，用大火煮沸，后改用小火熬煮，待桑葚熬解后，滤去残渣，装入真空瓶中，可保存到第二年。麻扎村的桑葚含糖量较高，村民做桑葚汁时，从不添加糖，但桑葚汁却十分甘美。

鲜桑葚

桑葚干

桑葚汁

麻扎村桑葚

桑葚酒 麻扎村民为了更好地利用桑葚的药用价值，还用桑葚泡酒。家庭制作桑葚酒的方法简单易学。准备玻璃罐一个，放入采摘的新鲜桑葚（不洗），再放进适量冰糖和 60° 的白酒。一般桑葚装半罐即可，要预留一定空间。拧上罐盖，待罐中桑葚发酵一个星期后，即可饮用。

桑葚果酱 麻扎村民还会把吃不完的桑葚制作成桑葚酱。其制作方法是：将桑葚洗净后，去果柄，沥干水后，放进锅内拌匀，待桑葚渗出大量的汁液后开火，煮沸后转小火，熬制 1 小时左右，直到桑葚变成泥状。其间可以不断地用勺子搅动，如果喜欢那种一粒粒的口感，可以适当减少熬煮的时间。将熬好的果酱稍稍放凉，放入事先洗好消毒过的玻璃瓶中，密封后冷藏，随时食用。

杏系列

杏 麻扎村的杏品种全，味道甜，这与麻扎村特殊的光热资源有关。从外表分，有毛杏和丽光杏两种，颜色有红、白、黄、淡黄四种，大的如鸡蛋，小的如大葡萄粒。

杏干 麻扎村民把熟透了的新鲜杏放在阴凉地阴干，或在太阳下晾晒成干，再置于阴凉通风处保存，可保存一年或更长时间。由于麻扎村的杏子甜，晒制的杏干味甜、质软，杏仁香脆可口。麻扎村民在做抓饭时，也会放入一些杏干，不仅使杏干口味独特，也使得抓饭更加美味。

石榴　麻扎村的石榴果大、皮薄、粒大、红润饱满，汁多，味甘甜清香微酸。

小白杏

◉ 特色婚俗

婚礼是麻扎村民一生中最大的节礼。解放前，麻扎村早婚现象严重，14 岁左右结婚很普遍。解放后，随着《中华人民共和国婚姻法》的贯彻执行，早婚现象基本消除。过去麻扎村民的婚姻缔结形式有包办婚姻、媒人介绍、自由恋爱等，也有个别入赘婚姻。21 世纪后，麻扎村民的婚姻以自由恋爱为主。在麻扎村，领取结婚证后，婚礼要举行三天，要唱歌跳舞、敲鼓吹喇叭等。在新娘进新郎家时，通常要由男方家的四位长辈把新娘放在地毯上，从燃起的一堆火中抬过去，也有新娘乘坐的车要越过火堆，或者新娘绕行火堆三圈的做法，以预示新婚家庭红红火火和幸福美满。

提亲　男方父母在为儿子择偶前，首先会从亲友、邻里、乡里物色对象，选中以后，通过别人告诉自己的儿子，若儿子同意，再请亲友到女方家里提亲。儿子如果自己物色好了对象，必须征求父母的意见，父母同意后，再去女方家提亲。一般情况下，男方不能单独去女方家提亲，而要请德高望重的长者或亲属陪同前往，这会使女方家感到光彩、荣耀。提亲时，男方家给姑娘送一身质地较好的衣料和盐、方块糖、五个馕作为见面礼。男方家提出结亲要求后，女方家一般不马上答复，要对男方家进行调查了解。若了解结果满意，就会给男方家答复，若不同意，也会婉转地通知男方家。男女双方家庭都同意这门亲事后，则要公开，便于男女双方公开来往，增进相互了解。

订婚　亲事被双方确认后，男方要准备好丰厚的聘礼。聘礼一般先由女方提出彩礼清单，交给有威望且双方都信任的人协调，最后达成一致。聘礼一般有姑娘四季服装（或布料）各 1~2 套，还有大衣、毛衣、皮鞋、头巾、袜子、耳环、戒指、手镯、手表等物品，还要给姑娘的父母、兄弟姐妹和其他直系亲属各送一套服装或布料。聘礼送到女方家，女方家热情款待，男方则把带来的聘礼当众打开，一件件对照清单向女方父母及亲友展示，然后确定结婚日期。在举行婚礼前几天，男方要把事先定好的女方家婚宴所需的羊肉、大米、馕、茶叶、糖果、木柴或煤炭等物品送到女方家。有些男方家庭还要给女方家庭送羊，羊的数量由双方家庭协商决定。

尼卡仪式　一般在婚礼当天的早晨举行。举行尼卡仪式前，女方家要进行各种准备，除将屋子院落打扫干净外，还要准备馕、馓子、水果、糖、果酱、糕点等各种食品，对男方家来的亲友团进行招待。

在仪式开始时要事先准备一小碗盐水，并泡两块小馕。在回答完主持人的问题之后，一位姑娘会端出事先准备的小碗，站在新娘和新郎中间，新郎和新娘要当众抢着吃

订婚　　黄彬　摄

娶亲乐队　　黄彬　摄

下碗里蘸满盐水的馕，表示他们从此相亲相爱，携手踏上新生活的决心。

婚礼　麻扎村的婚礼一般要分三天举行。过去新郎、新娘一般穿民族传统服装，随着时代的发展，现在的新郎、新娘穿民族传统服装的较少，大多跟随时代风尚，新郎着西装，新娘穿婚纱，胸前佩戴标明新郎、新娘的红花。

第一天为迎亲，一般都选在双日子举行。新郎到女方家娶亲必须带乐队，乐队主要是唢呐手和鼓手。下午，迎亲的队伍乘坐汽车（过去多为马车），在热烈欢快的鼓声和唢呐声中，载歌载舞地到女方家。这时，新娘的女伴们堵在大门口，迎亲者必须向她们赠送礼物才能进去。然后，这些女伴们热情招待迎亲者，并向他们回赠手帕等小礼品。迎亲的人要不断催促新娘早点动身，而女方亲友则以种种借口拖延时间。快离开娘家之前，新娘的父亲手拿“苏布尔”（做面食时用的布单子）分别在新娘和新郎的头顶绕三圈，表示新娘就要做家庭主妇了，同时也表达父母对一对新人的祝福。新娘离开家时，要放声大哭以示不舍父母养育之恩情。上车后，迎亲的车在路上还要受到年轻人或孩子们的重重阻拦，迎亲者向他们散发喜糖或零钱后，方可通行。娶亲路上，任何人都可用一块鲜艳的绸布或红毯子把车挡住，迎亲者须下车载歌载舞后，方可放行。为了防止迎亲团体力消耗过大，村民一般会在婚车沿途设立“驿站”，即在四方小桌上摆上吃食和茶水，供迎亲送亲人员享用。

迎娶新娘无论是过去的马车还是现在的汽车，都有乐师和舞者在第一辆车上，边行边奏乐。时不时会有双方的亲朋好友阻拦车队，向新人赠送礼物。此时，男女舞者都要下车，在鼓乐声中翩翩起舞，引得沿途的群众纷纷观看助兴。因为结亲一路走走停停、吃吃跳跳，视路程远近，一般都要到下午或黄昏才能将新娘娶到男方家。迎亲队伍快到男方家时，路上有人点起火堆，新娘乘坐的车要越过火堆，或由几人用毯子抬着新娘过火堆，或新娘围着火堆绕行三圈。同时，等候在新郎家门口的歌者会唱起《铁力克》（祝福的系列曲目），唱词为提醒新人不要忘记父母的养育之恩。这个时候，一对新人往往会被《铁力克》唱词感动得泪流不止，泣不成声。

新娘进了新房后，由新郎或一位长者为新娘揭盖头，至此，人们才正式见到新娘的芳容。此时，婚礼开始，鼓乐声起。当晚，男方家要举行麦西来甫晚会，庆祝一对新

抬新娘过火堆　　　　黄彬　摄

人喜结连理。麻扎村的婚礼庆祝活动隆重、热烈，具有浓郁的民族特色，亲朋好友欢聚一堂，以歌舞庆贺，热闹非凡。年轻的姑娘、小伙们纷纷冲进舞池，一曲接一曲，时而麦西来甫，时而纳孜尔库姆，时而交谊舞，乐队此时最会调节气氛。晚上十点左右是晚会的最高潮。新郎、新娘在众人的欢呼中来到舞台中央，翩翩起舞。一对新人要跳的是交谊舞，新娘含羞地低着头，而调皮的同伴们用红绸将他们两人紧紧拥住，围着他们欢呼，同时彩喷从四面八方射来。这之后，舞曲一直要持续到深夜，因为这是姑娘、小伙们相识的最佳时机，他们在为新郎、新娘祝贺的同时，也在为自己寻找着意中人。

第二天一早起床后，新娘在伴娘的陪同下，到公婆屋里行礼问安，公婆为儿媳赠送贴己礼物。同时，新娘家还会给新郎家送早餐，如抓饭、包子或水饺，以表示关心。

第三天是回门。新郎随新娘到娘家，向岳父、岳母问安行礼，岳父则向女婿赠送袷袢（传统服装）等礼物。当天，男女双方还要设宴，分别宴请各自的直系亲属、朋友及四邻。一般为抓饭、薄皮包子的流水席，这样可以尽可能多地招待亲友。

◉ 生育风俗

回娘家坐月子　村内妇女分娩必须回娘家坐月子，这是长期形成的生育习俗。20 世纪 90 年代前，由于农村经济条件相对落后，孕妇临近预产期才由女方家长接到娘家，分娩请接生婆或有一定生育经验的女性长辈接生。进入 21 世纪，孕妇住院分娩已成常规，生产后由女方家长接到娘家照顾。生产过程中，产房不允许任何男人进去，丈夫也不例外。孩子出生后继续由娘家人照顾，并在产妇居住的房间门上挂红布，提示陌生人不要随意进入产妇房间。一般生女孩 7 天、生男孩 12 天内不见生人。同时，要向亲友、邻居报喜。

摇床礼　村内婴儿出生 7~10 天脐带脱落后，要举行婴儿入住摇床仪式，称为“毕须克托依”（摇床上的喜事）。从这一天开始，婴儿每天都要被放进精致漂亮的摇床。摇床维吾尔语称“毕须克”，高约 0.6 米，长近 1.2 米，宽 0.5 米。摇床用桑木、榆木等制作，采用卯眼和接嵌榫头，不使用铁钉。摇床的主体、床帮及床腿都旋有光滑的圆形花纹，有的漆红色，有的漆蓝色，有的则漆红黄绿等色，既醒目，又好看。床帮与床腿之间都连成弧形，床帮两头用一根长木杆连接。木杆有弧度，使摇床能轻轻地摇

摇床 黄彬 摄

动，且便于搬动。床的中央是搭起的绣花绷带，便于将婴儿固定在摇床上，小摇床摇起来，五颜六色的花纹也使小摇床显得分外可爱与漂亮。小摇床铺板中部挖去碗口大的洞口，放置一个导尿管（维吾尔语称“许买克”）。导尿管男女有别，床下放一个小盆或土罐，婴儿尿就从这里流下，使摇床不湿，被褥干燥，十分卫生。这种摇床还便于母亲给婴儿喂奶，它的高度适中，只要侧身即可哺乳，不用将婴儿抱起来。而且摇床有利于婴幼儿头形发育。

举办摇床礼时，主人要将准备好的小油馕抹上果酱、蜂蜜等，递给来庆贺的小朋友。在场的人都拥围在摇床四周，向婴儿说祝福的话，赞美婴儿长得俊美、活泼可爱，并希望婴儿长大后孝顺父母、长辈，祝愿婴儿快快长大。婴儿熟睡后，母亲用绣布单盖在摇床上，用松香木烧熏，使婴儿不受蚊蝇叮扰。最后，主人用手抓肉、抓饭等饭食招待客人。客人散去后，妈妈坐在摇床旁吟唱《摇床歌》，歌词大意如下：

你是我的黑眼睛，
我的心肝宝贝。
你是我的欢乐，
我的心肝宝贝。
你是天上北斗星，
我的心肝宝贝。
我的黑眼睛，
安静地睡吧。
我的心肝宝贝，
甜蜜地睡吧。
我的黑眼睛，
我的心肝宝贝。

满月礼　在婴儿出生后40天，父母要为孩子举办满月礼，祝贺孩子睁开眼睛看世界。为表示对产妇分娩和娘家人照顾产妇的慰问，婴儿出生第40天，婆家必须宰一只羊或牛送给产妇娘家，给产妇送金银首饰，并视条件给产妇娘家人送金银首饰或衣物。同时，产妇的娘家也要办满月礼，要宰牛羊，准备丰盛的菜肴与亲朋共享。宴席结束后，主人家会安排麦西来甫歌舞活动，让客人玩尽兴，以表喜悦之情。

割礼　麻扎村民给男孩子行割礼，一般都选在春天或秋天，孩子的年龄以7岁最佳，一般不晚于 9 岁。麻扎村民把割礼看作是人生中的一件大事。割礼前，要为孩子准备好新的衣服、被褥。在举行割礼这天，给孩子穿上崭新的衣服，腰上扎红腰带，头上戴绒花帽，并邀请五六个同龄的男孩陪着玩耍。这天从早到晚，鼓乐齐鸣（主要是打鼓和吹唢呐），非常热闹，亲朋好友、乡邻们带着礼物前来祝贺。

穿耳洞 新出生的女婴通常 40 天到 2 岁期间，一般不晚于 7 岁，都要穿耳洞。村民认为越小穿耳洞，疼痛感越小，所以女孩子基本是两岁以内穿耳洞。穿耳洞一般请有经验的大龄妇女或是首饰匠人操作。穿耳洞前，先用两颗高粱粒放在耳垂两边用手指揉搓，使耳垂的血散开、脂肪变薄，然后用消毒的针在耳垂部迅速穿过，用针尾的线或用茶叶棒插进耳洞中即算完成，然后给女孩吃一两个鸡蛋。被穿的耳洞痊愈后，把线或茶叶棒抽掉，即可带上耳环。此时，一般不举行任何仪式，但亲朋好友也会送礼物祝贺。

◉ 节日风俗

麻扎村的节日主要有诺鲁孜节（又被称为萨拉节，意为迎春节）、肉孜节（开斋节）和古尔邦节。

准备节日食品 黄彬 摄

诺鲁孜节 “诺鲁孜”意为“春雨日”，预示着新春的开始，也是麻扎村传统的节日，自每年 3 月 21 日开始，延续 3~15 天不等。每到这一天，人们都要举行祭祀仪式，并举行庆祝活动。

按传统习俗，在诺鲁孜节这天，村民要穿上节日盛装，相互拜访，各家各户也都要做诺鲁孜饭，祈福新年丰收。在这一天，麻扎村村委会组织村民用两口大锅做诺鲁孜饭，邀请村内群众共同食用诺鲁孜饭，共同祝愿吉祥和丰收。

肉孜节 即开斋节。开斋这一天要举行庆祝活动，家家户户炸馓子和油果，准备丰盛的食品，将室内室外打扫得干干净净，穿上节日盛装，成群结队互相登门拜访，请客吃饭，互相祝福，有的还互赠礼品。在麻扎村，还有去上坟的习俗，上坟回来后才开始相互拜访。肉孜节庆祝活动一般 3~5 天。在麻扎村，村民相互拜访聚餐时，还会自发举行文艺演出活动。

古尔邦节 古尔邦节是麻扎村最大的节日。每到古尔邦节这天，村内家家户户都要

宰牲过节　　黄彬　摄

宰一只羊或牛，作为节日期间与亲朋好友共享的美餐。然后走亲访友，互相道贺。古尔邦节一般欢度 3~5 天。在节日期间，无论男女老少，都要穿着新装，个个喜气洋洋，或成群结队互相祝贺，或结伴游玩。古尔邦节像汉族过春节一样，热闹非凡。在麻扎村，还会举行麦西来甫歌舞表演、体育竞技等活动，共同欢度佳节。

◉ 丧葬风俗

祈祷　麻扎村的丧葬仪式是按当地传统进行的。死者在弥留之际，亲友们都来告别，儿女在病床前领受遗嘱。死后，对前来吊丧的亲友，男人给一块白手帕（现在都是毛巾），女人给一块白纱布头巾。男性直系亲属要站在门口迎送吊丧的客人；女性直系亲属则在一间房子里，每见有吊丧者进来就大声哭泣，表达悲哀之情。

葬后，死者家属 40 天不理发，不梳头，不参加娱乐活动。安葬后的第 3 天、第 5 天、第 7 天、第 40 天和周年，死者家属要为死者祈祷，设宴招待亲友。每到肉孜节、古尔邦节时，死者直系亲属要到墓地上坟，以示纪念。

安葬　麻扎村民一直坚持对死者实行速葬的传统。一般情况下，早亡晚葬；晚上死亡，次日中午前埋葬。若死者子女在外，也可等两天，但要避免尸体腐烂。

逝者都是土葬。墓穴由两个洞组成，竖坑呈长方形，长两米，宽一米左右，深两米，坑壁西侧再开偏洞。尸体直接放入偏洞内，不用棺木，不放任何陪葬物品。只在死者脑后放一些樟脑、花椒等防虫。尸体摆放要头朝北，脚朝南，面向西。

◉ 礼仪习俗

麻扎村民热情好客，崇尚礼仪，在人际交往中非常注重礼节。

见面礼　亲朋好友见面时，用右手抚左胸部微微躬身，互道“萨拉木”（平安）或握手问候；妇女见面后，互贴右脸面，互道“萨拉木”（平安）。晚辈与长辈相遇时，晚辈要向长辈施礼；长辈见儿童时，要抚摸或亲吻儿童的额头；成人与成人见面，道完“萨拉木”后，互相问候对方家人；妇女们相互道别时，双手抚膝，躬身道别。现如今，年轻人见面，大都握手或拥抱，互道“亚克西木斯孜”（您好）。女青年则双手相握或拥抱时用脸互相贴面，互道“亚克西木斯孜”（您好）。

待客礼 麻扎村民热情好客，家里来客人，家人要出门迎接，然后互相问候亲属的健康状况。麻扎村民招待客人的第一个程序是请客人喝茶。在喝茶时，要端出馕、方块糖、冰糖、葡萄干、杏干、果酱、饼干、馓子及自己制作的小点心。遇到夏秋季，主人还要拿出新鲜瓜果来招待。待客的茶都是新烧的，有条件的家庭还用大碗奶茶招待客人。女主人给客人倒茶不倒满，勤喝勤倒，始终保持茶的温度。主人斟茶时，客人不必表示客气，更不要接过茶壶自斟。主人把馕掰碎放在奶茶里，是表达对客人的热情和友好。茶后，热情的主人还要做饭菜来招待客人。如果是远道而来的客人，就用玉古勒（银丝面）或揪片子汤饭招待，有汤有面，吃了利于解除疲劳；如果是朋友来做客，就根据朋友的口味做饭招待。除此之外，包子、抓饭、油炸包子、拉条子或炒菜都是待客的常用饭食，饭后的茶和水果也是必不可少的。若是尊贵的客人，主人还要弹奏乐器，表演歌舞，邀请客人同歌同舞，气氛十分活跃。

接待上门探访的客人

麻扎村民出门做客很注意衣冠整洁，不穿背心、短裤出门，更不袒胸露怀去做客或行走于公共场合。即便在自己家里，成人也不在长辈面前穿着背心、短裤等相对裸露的衣服。

到麻扎村民家中做客，喝茶前或饭前要洗手，不论是主人持壶还是自己持壶洗，不得少于三次，洗完后，用毛巾擦干，抖动或甩动双手会被视为不礼貌。客人要坐在炕上，村民会为客人准备坐垫、靠枕。进餐时，围坐在餐桌旁，盘双腿或跪坐，不能蹲，更不能双腿伸直脚心朝外向前。进餐时或在公共场合，不要吐痰、擤鼻涕、打呵欠等。

客人寄宿主人家，主人会拿好的被褥让客人使用。第二天清晨，主人会早起为客人准备早餐。客人告别时，主人会将客人送到大门外，并祝客人一路平安，直到目送客人远去，主人才回到房间。

◉ 名姓习俗

起名　村内新诞生的婴儿在出生几天后一般就会命名。名姓结构是本人名在前，父亲名在后，有的同名人为了便于区别，便把祖父名字排在父亲名字后。

村民的名姓，见证着家族的传承。父辈的名作为下一代的姓，依次相传。如阿不力米提·库尔班，前者为名，后者为姓，后者同时也是其父亲的名。起名的内容十分丰富，范围广泛。起名内容主要有：以地名命名，以动物、植物命名，以宝石、矿石、花卉等命名，以山川、日月、星辰命名，以出生时间、季节命名。随着社会发展和人民生活水平的提高，村民也会起一些比较时尚新潮和象征努力奋进、感恩的名字。

名姓尊称　一般情况下，为了表示对对方的尊敬、尊重，麻扎村民在称呼对方名字时，在其名后加“洪”“江”，如买买提江、玉素甫阿洪等，名字后加“江”表示对方是年轻小伙子，名后加“洪”表示对方是成年的已婚人士。若是女孩，在其名后加“古丽”，若是成年妇女，则在其名后加“汗”，如曼尼古丽、阿依仙木古丽、阿达来提汗等。

重名区分　麻扎村重名现象很普遍，但麻扎村民却能巧妙地将重名区别开来。区分重名主要有以下几种办法。一是在本名后加外号以区别，如：阿不都库洪其（“库洪其”是外号，种瓜匠的意思）。二是在本名前或后加职业以区别，如：艾买提道合豆尔（“道合豆尔”是职业，医生、大夫的意思）、烤瓦甫其司马义（“烤瓦甫其”是职业，烤肉匠的意思）。三是以年龄大小区别，比如：琼吾甫尔（大吾甫尔）、克齐克吾甫尔（小吾甫尔）。四是在本名前或后加上队址或居住地址加以区别，如：一队的阿里木、二队的阿里木、坡上的吐尔逊、坡下的吐尔逊等。五是在本名前或后加上生理特征以区别，如：依格孜艾买提（大个子艾买提）、吾如克艾买提（瘦子艾买提）、喀拉依沙克（黑依沙克）、色热克依沙克（黄脸衣沙克）、巧库尔依米提（麻子依米提）、塔斯依米提（秃子依米提）等。

麻扎村民常用名汉语含义对照

吐尔洪——永生

艾山江——潇洒

吐尔地——站立的人

木拉提——希望、愿望

包达克——胖子

阿迪力——公道的、公平的、公正的

阿里木——学者、科学家

阿尔斯兰——狮子

依明——和平、平安

达瓦买提——继续

迪亚尔——祖国、故乡、家乡

斯拉木——和平

贾玛力——容貌、容颜

阿布都克里木——尊敬的、贵重的

阿布都热合甫——竞争者、对手

沙比尔——善于忍耐的、善于坚持的

沙吾提——铠甲

赛依提——幸福

赛福鼎——宝剑、春天

吐尔贡——静止的、稳定的

谢日甫——高贵的、光荣的、荣耀的

肖开提——荣耀、名望、威武、雄威

许库尔——感谢

亚里坤——火苗、火焰
亚合甫——留住、锁住
尧乐娃斯——老虎
哈斯木——分配者
艾海提——单独的、孤独的
艾尔肯——自由的
阿德莱提——公平、公正、正义
阿依努尔——月光
阿娜尔——石榴
巴哈尔——春、妙春
迪里娜尔——心上人、意中人
迪里拜尔——美女、美人
古丽仙——花园、花圃
哈斯也提——特色、性能、特性
齐曼古丽——山花
茹仙——明亮的、鲜明的、清晰的、开朗的
热娜——娇艳的、娇媚的
塔吉古丽——鸡冠花
祖姆热提——绿宝石
再娜甫——相思鸟

◉ 服饰习俗

麻扎村的传统服饰具有突出的特色。花帽、袷袢、腰巾、居瓦、套鞋等传统服饰在日常生活中逐渐减少，仅有少数人还在穿，或逢年过节穿，抑或是文艺演出穿。裙装是村内妇女的共同爱好，年轻的姑娘喜欢鲜艳夺目的裙装，中年以上的妇女则选择深色裙装，但不论春夏秋冬，村内妇女都基本着裙装。裙装的样式多种多样，老年妇女以宽松长裙居多，且裙内着长裤。不过随着社会的发展进步，年轻女性逐步开始着西装、牛仔服等时尚服装。

古村传统女装

古村传统手工花帽

都帕 即花帽。麻扎村民爱戴传统花帽。花帽不仅是生活用品，还是制作精美的传统工艺品。麻扎村民的花帽在形制、色彩和图案的装饰上都很有特色。

小女孩戴的花帽缀有多种晶莹的串珠或其他亮晶晶的饰物，光彩夺目。成人花帽花朵特别大，年轻人的花帽颜色鲜艳；老年人的花帽喜欢镶黑色绒布边，颜色也较素雅。在众多形制的花帽中，有一种用珍珠串成图案的花帽叫“玛勒江都帕”，满花铺底，饱满充实，像一顶彩色花冠，给人富丽堂皇的感觉，备受女青年的喜爱。

麻扎村男子出门时一般都要戴帽，女性则要戴头巾。尤其是男子参加葬礼时要戴帽，否则会被认为不礼貌或不尊重对方。同时，参加喜庆活动也要戴帽子。这种习俗被认为是一种美德。

袷袢 麻扎村男性村民过去穿传统的袷袢，名叫“叶克太克”。袷袢式样宽松合体，典雅大方。袷袢无领、无扣、宽袖、长度过膝，因为无扣，所以腰间要系一条叫“甫塔”的布腰带，衣内可以存放物品、携带食物。袷袢主要有白、黑、花等颜色。夏天穿单袷袢，冬天穿棉袷袢，春天穿布料较厚的袷袢。

特色花帽　　黄彬　摄

袷袢

青年人穿着的袷袢在胸前、领口、袖口边会绣上鲜艳美丽的花边，脚上穿皮鞋或长筒皮靴，显得十分干练帅气。

甫塔 即麻扎村男子腰间系的布腰巾。甫塔是随着袷袢而产生的。麻扎村男子穿上长袷袢，系上腰巾，显得雄姿勃勃，精神抖擞。腰巾长短不等，长的可达两米多，可以在腰间缠几圈。

甫塔在麻扎村民的着装中发挥过很大作用，像个轻便的行囊，平时系的质地、色彩不太讲究，实用就行。而在节庆的日子里，甫塔又充当了装饰物，人们系上颜色鲜艳、有美丽图案和刺绣的腰带，表现了对美的追求。

甫塔多为黑、棕、蓝等深色，一般不用白色，其面料有布、绸和织锦等。甫塔上有绣花、印花。青年人的腰巾色彩艳丽，中老年人的腰巾淡雅，可称得上是一件工艺品。现在，随着生活方式的改变，麻扎村男子已很少用甫塔了，只有在一些文艺演出或节庆日时，才能看到这种穿戴。

居瓦 即皮大衣。因麻扎村特殊的地理位置，春秋特别短暂，夏冬时间则较长，夏季炎热，冬季却相对寒冷，一般在 −18℃ ~−13℃。居瓦的领子有 30 多厘米长，袖子也要比手长 30 多厘米。腰围比一般大衣大，方便在里面多穿衣服。居瓦大都选用黑色或白色的长毛羊皮，制作时皮板朝外，毛朝里，外面不挂布面，其重量可达 5~10 千克不等。在户外劳作或放牧时，这种长而肥大的皮大衣既可当被褥，又可隔潮和保暖。过去冬季坐马车或坐毛驴车，赶路人和车夫都离不开这种居瓦。

如今，交通条件大大改善，人民生活水平也有了较大的提高，各种轻巧的防寒用品增多，大多数村民不再穿居瓦防寒过冬。特别是现在县、乡、镇、村都通了公路，村民坐在有暖气的客车或轿车里，既快又暖和，那种厚重的居瓦已失去了作用。但在寒冷的冬季，村里个别村民仍在穿居瓦。

喀拉西 汉语译为“套鞋”。在麻扎村，一些村民在鞋或靴子外面套有一双胶鞋，看起来很独特，这就是套鞋。穿套鞋是麻扎村的传统习俗，有些中老年人至今还保留着穿套鞋的习惯，年轻人已基本不穿了。

套鞋用橡胶做成，里面衬有绒面，既可以保暖，又可以保护靴鞋。套鞋分为两种，圆头的叫“玉德克喀拉西”（靴套鞋），主要套在马靴或皮鞋外面；尖头的叫“买赛喀拉西”（软底皮靴套鞋）。

套鞋一般在春秋季或冬季穿着，夏季基本没有人穿套鞋。穿套鞋不仅是一种习俗，亦是麻扎村群众良好的卫生习惯。进屋前把外层套鞋脱在门外再进屋，就不至于把外面的泥土带进屋里，也防止脚的气味影响房间空气。特别是在麻扎村民家中做客，一般要上炕或坐在铺有地毯和花毡的房间，如果不脱鞋进屋，既不文明又不卫生，有了套鞋，客人放心，主人高兴。

◉ 歌舞习俗

麦西来甫

麻扎村麦西来甫历史悠久，与众不同。麦西来甫把歌舞、器乐演奏、竞技表演、各种民间娱乐和民间习俗结合在一起，形式多样，地域特色鲜明，群众参与性强，在麻扎村很是流行。

每当麦西来甫活动开始，先是一阵悠扬的器乐演奏，然后在鼓乐声中，一个男青年上场，起跳如急马腾空，步态矫健，顿时使舞场气氛活跃起来，接着邀请其他青年男女纷纷入场。盛装的姑娘如彩蝶般翩然而至，且舞且笑，眉目传情。往往有青年男女对舞，先是平缓慢舞，然后逐渐激烈，忽腾忽跃，时合时分。受其感染，旁人也不由地加入舞者队伍，这其中不乏白须长者和老太太。

麦西来甫除歌舞外，还包括各种娱乐形式，如猜谜语、说笑话、做即兴滑稽表演或带竞技性的杂技表演等。麦西来甫主要分习俗舞、执具舞、模拟舞、劳动舞四类。

习俗舞 麻扎村盛行的习俗舞主要有买丽斯麦西来甫和青苗麦西来甫两种。

买丽斯麦西来甫是麻扎村盛行的一种习俗舞。麻扎村民在举办婚礼、孩子满月、

大型麦西来甫

麻扎村民表演麦西来甫

割礼、喜庆宴会等聚会时会举办麦西来甫。手鼓、唢呐、艾捷克响起，舞蹈开始，首先有一人手持花束出场，向围坐四周的任意一人发出邀请。邀请人与被邀人相互行礼，绕起 8 字形，互换位置 3 次，邀请者将花束交给被邀者后退下。后者接过花束后继续舞蹈，另请一人上场，程序如前。若有人不答礼而起步跳舞，持花者则继续舞蹈，直至被邀请者接受邀请后，两人行礼如前，交接花束。持花人可邀请数人，被邀请人也可再邀请他人上场，在场者也可自行上场起舞。舞会达到高潮时，手鼓声震天，村民高声欢呼助兴，全场人无不情绪高涨，快乐无比。

青苗麦西来甫也是麻扎村盛行的一种习俗舞。其主题是培育青苗，庆祝丰收。每年的冬春季节，在宽敞的房屋内外举办。举办前，东道主首先在两只花碗里种上小麦（旧时种在盛水的葫芦里），等青苗长到三寸高时就举办青苗麦西来甫，一般会延续到春播前。舞会由各户轮流举办，请村里男女老少参加。到春播前，由最后一位举办完青苗麦西来甫的东道主将青苗献给来年举办青苗麦西来甫的第一位东道主。至此，该年度的青苗麦西来甫聚会活动结束。

青苗麦西来甫开始时，伴奏音乐响起，东道主双手托着放着两碗青苗的两个盘子边歌边舞上场，一曲唱完后将盘子献给某人，东道主与接盘者互相抚胸施礼，然后邀请在场者上场跳舞，接盘子的人就成为下一次青苗麦西来甫的东道主。舞蹈者由一对逐渐增加至数十对，围坐者以歌声伴唱并拍手伴舞。

青苗麦西来甫开始曲调悠扬，节奏缓慢，舞者舞步稳健，随着演奏乐曲节奏加快，气氛逐渐热烈起来，最后达到高歌狂舞的欢乐高潮。

执具舞 麻扎村的执具舞主要分碗舞、碟子舞、手鼓舞三种。碗舞，舞者右手托两碗清茶（拇指和食指握一碗，中指、无名指和小拇指握一碗），边舞边找人献茶。接茶者也须用一手接过两碗茶，以茶水不泼出为好。碟子舞是女子跳的舞蹈，舞者一手持一碟，一手持一筷，边舞边敲。手鼓舞一般由八名男子在前排舞蹈，八名女子在后排舞蹈，每两人共执一面手鼓，边舞边敲，第一人敲第一音，第二人敲第二音，依此类推，鼓声悦耳，节奏明快。

模拟舞 模拟舞以模拟村民熟悉的动物习性为主，有马舞、骆驼舞、山羊舞、鸡舞、鹰舞等。舞者能抓住动物在不同情境下的特性进行表演，表情动作极为夸张，幽默诙谐，往往引得哄堂大笑。模拟舞属于风趣搞笑的麦西来甫。

劳动舞 劳动舞来源于日常的生产劳动，种类很多，有播种舞、收割舞、摘葡萄舞、摘棉花舞、驯马舞、擀毡舞、挤奶舞等，它将劳动中的动作进行了艺术升华，舞姿既形象逼真，又轻巧优美。

纳孜尔库姆 纳孜尔库姆在麻扎村区域很盛行。纳孜尔库姆是婚礼、喜庆节日和晚会中最精彩的表演。纳孜尔库姆多由男性即兴舞蹈，以两人为一组进行。舞者只跳不唱，由乐队和伴唱者演唱。表演内容一般和唱词无关，伴唱只是起到渲染气氛的作用。

纳孜尔库姆舞蹈动作的特点是自由、活泼、乐观、诙谐。流行于麻扎村一带的纳孜尔库姆以跨脚跳舞、腰肢扭动和肩部动作为主，还夸张地模拟和面、搓线、做鞋、打馕等生活动作，诙谐幽默是这项表演的情绪基调。特别是矮子步的表演极富特色，表演者挤眉弄眼、摇头晃脑，引得音乐都变了节奏。矮子步舞蹈的表演难度很大，屈膝而舞，下颏向前一伸一伸，做出种种滑稽动作，还必须随着音乐应节拍而舞，同时不停地插科打诨，又说又唱，引得全场哄笑不止、高潮迭起，配合主角的表演者也要抖肩跨脚，与主演者动作整齐划一，使舞场的欢乐气氛达到顶点。

纳孜尔库姆的伴奏乐器主要是艾捷克、热瓦普、苏尔奈（唢呐）、纳格拉（铁鼓）等，有时只用唢呐、铁鼓伴奏。除音色高低不同的一组铁鼓外，常加上一个音色浑厚的大鼓连续击打单一的节奏，有经验的鼓手可结合表演者的情绪变化，抑扬顿挫地击打出

纳孜尔库姆　　　　黄彬　摄

富有感情的鼓点，以此烘托舞蹈表演。

纳孜尔库姆的音乐节奏，紧密地配合着表演，风格独特。在竞技性的表演时，只用铁鼓和群众的呼喊声伴奏。过去的纳孜尔库姆只有男子表演，现在已发展为以男子为主、女子配合的集体歌舞。

◉ 民族乐器

麻扎村民能歌善舞，其主要乐器有打击乐器，如达卜（手鼓）、纳格拉（奴古拉）；吹奏乐器，如唢呐；弹拨乐器，如热瓦普、都塔尔；拉弦乐器，如艾捷克；击弦乐器，如扬琴等。

达卜 达卜是拿在手上而不用鼓槌的单面鼓。圆形，用木做框，一面蒙以羊皮、驴皮或牛皮，高级达卜则用蟒皮。木框内侧缀有许多小金属环，用以加强演奏效果。演奏时，用双手交替击鼓而发音。一般右手击鼓心，发“咚”音，用于强拍；左手击鼓边，发“嗒”音，用于弱拍。达卜演奏技法多种多样，舞蹈《摘葡萄》，只用达卜伴奏，堪为一绝。无论是合奏还是伴奏，达卜都是乐队不可缺少的打击乐器。

纳格拉 即铁鼓，又称奴古拉，是一种铁制打击乐器。纳格拉由一个大鼓和四个小鼓组成，分别演绎高音和低音。这种鼓鼓身较长，上大下小，传声很远，多在欢快、喜庆、盛大的场合使用，声音铿锵，奔放热烈。

达卜　　黄彬　摄

纳格拉　　黄彬　摄

唢呐

都塔尔　　　　　　　　　　　　黄彬　摄

唢呐　也称苏尔奈，簧管乐器。其管口为铜制，管身为木制。唢呐发音粗犷洪亮，演奏时由纳格拉伴奏，常在热烈喜庆的场合使用，如节日、婚礼、割礼等，多在人员聚集的宴会厅、广场等地方演奏，一次可持续数小时。

热瓦普　又叫拉瓦波，是一种弹拨乐器。用拨子弹奏，发音清脆，是重要的独奏、伴奏和合奏乐器。

都塔尔　都塔尔是一种弹拨乐器，外形像个长柄的大水瓢，制作材料多用桑木、杏木或核桃木。都塔尔音色清脆，音调悠扬，可独奏、合奏和伴奏，是演奏十二木卡姆、麦西来甫的必用乐器。

艾捷克　又名“哈尔托克”，是一种拉弦乐器，外形别致独特，琴筒为球形木制，内侧蒙羊皮或蟒皮，流行于麻扎村，是木卡姆音乐的主要演奏乐器之一。

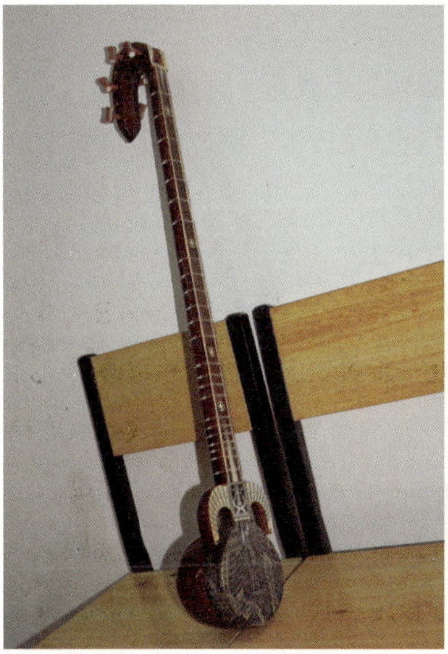
热瓦普

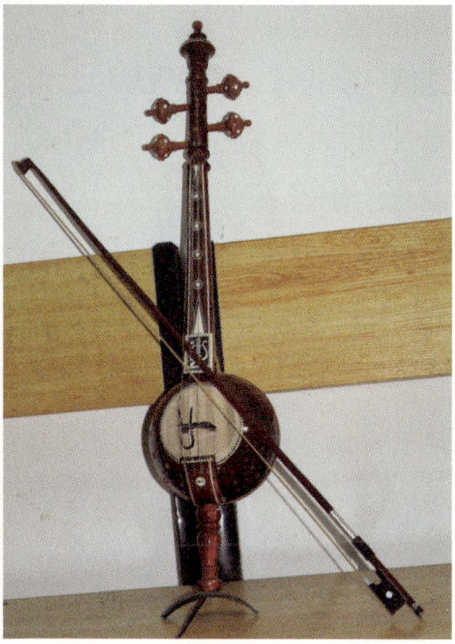
艾捷克

扬琴

扬琴 曾名洋琴、打琴、铜丝琴、蝴蝶琴等，为一种击弦乐器。扬琴因其音质优美、晶莹剔透、轻快活泼、华丽多彩，深受麻扎村民喜爱，是乐队必不可少的乐器。扬琴的音色丰富多彩，适于演奏快速的乐曲，最适合表现轻快、活泼的情绪和欢快、喜悦的感情。

◉ 民间工艺

麻扎村民间工艺主要有桑皮造纸、花帽绣制、地毯制作、花毡制作、刺绣、陶器制作、柳编、木器雕刻、葫芦烙画等。

桑皮造纸 麻扎村自古广植桑树，桑皮造纸历史悠久。距麻扎村约 15 千米的阿斯塔那——哈拉和卓 3 号墓出土的“建兴纸”，就是桑皮纸。桑皮纸是以桑皮为原料，经过剥削、浸泡、锅煮、锤捣、发酵、过滤、入模、晾晒、粗磨 9 道工序后所制成的一种纸。这种民间的、传统的、富有民族特色的手工技艺，曾广泛流传于麻扎村，但这门技艺随着社会的发展濒临失传。

花帽绣制 麻扎村的花帽制作都是手工纳绣而成。纳绣技艺中，有丝线平绣、丝线结绣、串珠片绣、格子架绣、盘金银绣、十字花绣等。花帽图案构图多变、款式多样，绝大部分是四边形制，即将四瓣分别绣好的相同纹样的帽片，以顶为中心缝合。花帽底色多以墨绿、紫红、深青、红褐色为主，底边颜色深于花帽底色，底边不加绣饰。花帽可按缝折叠，便于携带和保存。花帽的图案花纹大多以新疆植物为素材提炼而成，也有一些几何图案。

制作桑皮纸　　黄彬　摄

地毯制作　麻扎村的地毯无论式样、图案和色彩均富有浓郁的民族特色和地方风情。地毯以原料上乘、质地细密、绒头密集、毯面薄平、工艺考究、图案别致、织工精良、配色美观、经久耐用、图案繁谨而著称。地毯品种繁多，花色斑驳烂漫，大多花纹对称、整齐，线条粗犷，色彩对比强烈。

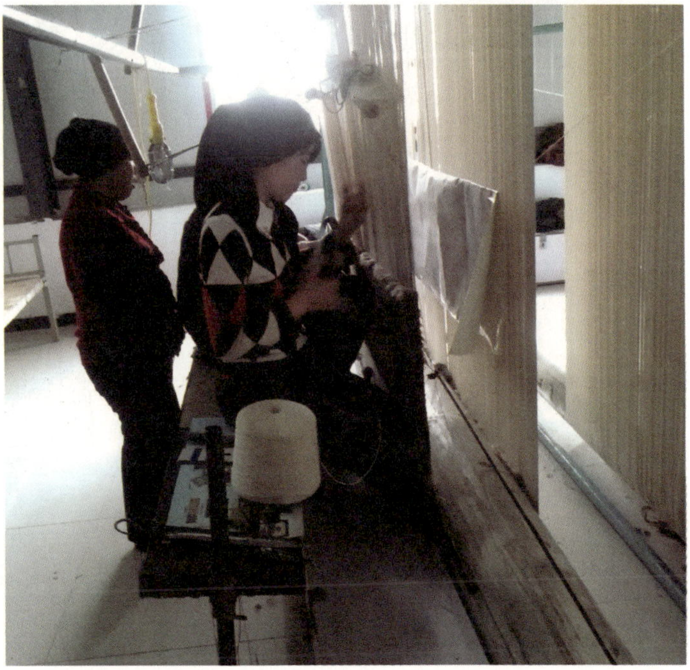

地毯加工

麻扎村的地毯以羊毛

为原料。羊选取当地品种优良的半粗毛羊，毛质纤维粗，宜织造，光泽如丝，色彩固着力强，染色鲜艳，长久不变，羊毛强力大，富有弹性。将羊毛捻成毛纱，以“Z”向加捻（即反手），再染色，然后根据需要将毛纱合股。在图案设计上，麻扎村的地毯图案端庄典雅，有强烈的装饰性，并十分注意将同类色或对比色并置排列，在对比中充分显示各种色彩的个性，具有鲜明的民族特点和浓厚的地方色彩。

花毡制作 麻扎村制作花毡的历史很悠久。运用不同的制作工艺，花毡可制作出绣花毡、补花毡、擀花毡、印花毡、彩绘花毡等。绣花毡是用彩丝线锁盘针法在毛毡上绣出纹样，其做工精细，色彩绚丽。补花毡是用彩色的布套剪成羊角、鹿角、树枝、云等图案布贴，贴绣到素毡上，正反对补，美观生动。擀花毡是用原色羊毛和染色羊毛在黑色或白色毡基上，摆成各种图案擀制而成。印花毡是在素毡上用木图章拓出图案。彩绘花毡是用毛笔绘图的花毡。

刺绣 刺绣是麻扎村普及率最广的手工艺，几乎每家的主妇都擅长。刺绣是用彩色丝线在纺织品上绣出鲜艳的纹饰或图案。麻扎村的刺绣工艺品主要有坎肩、衬衫、手

羊毛花毡　　黄彬　摄

绣品展销　　黄彬　摄

麻扎村妇女在刺绣　　黄彬　摄

帕、窗帘、枕套、桌布等。

绣花女坎肩主要是在领口、袋口、对襟、前胸两侧、下摆两侧绣上艳丽的纹饰。有的女坎肩有大翻领，大翻领上不仅有边饰花纹，中间还绣上不同色彩、不同形状的羊角花纹。有的坎肩全用金银两色丝线绣成，显得很富贵。

绣花衫主要是在领口、前胸、袖口绣上红蓝两色的几何图形，清丽醒目。

绣花头巾通常是在头巾的四角各绣一朵小花，中央绣一朵大花，大多用金色丝线刺绣。绣花头巾也可作为礼物赠送亲朋。

绣花枕有正方形、长方形及其他边形多种。大方枕一般在中心以粉红色丝线绣上莲

陶器　　黄彬　摄

花，旁边绣小花、折枝、绿叶陪衬。小方枕通常绣八角形几何纹饰，周围留有较大空间，图案中心突出，色泽明丽。长方形枕头中心花纹对称整齐，大多绣花卉、草叶纹饰，也有枕头中心部位仅绣一枝鲜艳花朵的。

绣被头一般是绣几条边纹，有宽有窄。色彩多以红、黄色为主，以白色、蓝色为映衬。也有绣连续花边纹饰的，花、茎、叶搭配，疏密有致，色彩艳丽。

绣花褥面多以深色布为底布，中间大多绣上花卉、花篮、花瓶等，周边绣几何纹饰。

绣花被罩多以白布为底布，一般中央绣彩色菊花纹，四角绣小花，显得很素雅。

绣花帷帘多以白布为底布，大多绣连续性花纹，也有绣独立性图案的。

绣花桌布分正方形和长方形两种。正方形大多在中心绣八角形几何花纹，四周绣花束纹；长方形大多绣茶壶、茶盅、花瓶、蝴蝶等图案。

陶器制作　麻扎村黄黏土资源丰富，陶器制作曾经盛行。20 世纪后，麻扎村民间陶器大致分两类：器皿陶制品和建筑陶制品。器皿陶制品主要指手工作坊烧造的壶、盆、碗、盘、罐、瓶、钵、坛、缸、油灯、烛台等，并配以墨绿、赭、土黄、红、黑等色调，其纹样古朴、造型敦实、注重实用，如阿木都陶壶、其拉布陶盆等。建筑陶制品有方砖、长方砖、墙顶饰等。20 世纪 80 年代后，麻扎村的土陶制作渐被市场淘汰而退出了历史舞台。

柳编 麻扎村村民的柳编手工艺历史悠久。过去，麻扎村柳编物品是日常生产生活中的普通用品，现在只有个别人能编制。

柳编的原材料有红柳条、桑树条、柳树条、杨树条、榆树条等。柳编物有筐、提篮、锅箅、筷笼、壶壳（暖壶的外壳）、牲畜圈门、耱、耙等。

采割树条一般在春夏两季进行，根据要编的物品选择粗细、长短合适的树条，树条要长而匀称。提篮的提梁大多选较直且有韧劲的桑树枝。柳编可以趁树条新鲜时编制，也可以将树条扎捆晾干备用，编制时用水浸泡柔软即可。根据需要，柳编所用树条有的需要剥皮，大多数不需要剥皮。

柳编方法多采用平织法，即在经干之间穿进穿出。手艺好的、讲究的柳编者，在编筐、提篮、筷笼、壶壳等生活用品时，会编出美观的几何图样，收口时，都采用麻花编织法。

柳编　　黄彬 摄

遗存木雕　　李保民　摄

木器雕刻　麻扎村民喜在门窗、梁柱、小摇床上雕刻纹饰、图案。木雕门，多以木条横竖斜向排列雕刻成几何纹饰，有的在门板上雕刻出花卉，然后用各种油漆涂画，色彩鲜艳，静中有动，很有情趣。门楣上通常都有雕刻的各种形状的“门当”装饰。小摇床，则是在主体床帮与床脚和上面竖杆上雕刻几何形凹凸花纹，并漆有醒目颜色。

擀杖多选用榆木或核桃木，刨旋成圆形，两头细中间粗，长短不一，上面刻有几何纹饰。此外，最常见的木制生活用品还有

手工摇床

木箱、弦、鼓乐器、雕花木柜等。

葫芦烙画 葫芦是麻扎村民常种的一种作物。葫芦对村民来说是“福禄”的象征，这点与中原文化很吻合，一些村民甚至将葫芦悬挂在大门上，以求好运。维吾尔语称葫芦为“喀巴克”。

葫芦烙画制作工艺并不复杂，但工艺要求却很严谨细致。在挑选葫芦时，要选成熟的老葫芦。雕刻前，先将葫芦浸泡在水中以便除去薄薄的一层外皮；雕刻时，先用笔在葫芦上描绘出创作的画，再用烙铁轻轻沿着笔画的痕迹描刻，最后用清漆固色即可。葫芦烙画首先讲究画工，因葫芦凹凸不平，作画十分困难；其次，使用烙铁要十分小心，用劲力道把握均匀，力道稍大些就会导致作画失败。

◉ 方言谚语

方言

麻扎村方言词汇很丰富，但大多追求简单和实用原则。主要特点如下：

语调较长 麻扎村民日常用语中的拖音较对较长，区别于其他乡镇。

剪接词语中字母 村民习惯减少词语里的字母，人名后表示亲属关系的词语连着说时，表示亲属关系的第一个字母省略。如：

木合买提 + 阿塔（爸爸）——木合买提塔

卡迪尔 + 阿塔（爸爸）——卡迪尔塔

艾比拜 + 阿帕（妈妈）——艾比拜帕

艾丽曼 + 阿依拉（姐姐）——艾丽曼依拉

减退字母 减退字母指人名后连接表示亲属关系的词时，将其使用复合词，在此过程中第一个词的最后一个字母减退，第二个词的第一个音节省略的现象。如：

沙塔尔（人名）+ 阿塔（爸爸）——沙塔塔木

卡哈尔（人名）+ 阿卡（哥哥）——卡哈卡木

热比娅（人名）+ 阿帕（妈妈）——热比帕木

沙迪克（人名）+ 阿塔（爸爸）——沙迪塔木

换字母 有些代词中出现替换字母现象。如：

阿米萨（要不然）——亚米萨

阿那（这边）——大那

瓦依提（人名）——尕依提

欧瓦 （鸟巢）——欧尕

哈日瓦（马、驴车）——阿日瓦

对长辈的敬语 很多地方把年龄大的人叫作哥哥、大哥、姐姐、大姐、叔叔、阿姨等，而在麻扎村，把比自己年龄大的男性和女性分别会以爸爸和妈妈来称呼，以表达他们对长辈的尊敬。如：

买买提阿卡（买买提哥哥）——买买提塔

亚库普阿卡（亚库普哥哥）——亚库瓦塔

哈斯叶提阿恰（哈斯叶提姐姐）——哈斯叶提帕

玛利亚姆阿恰（玛利亚姆姐姐）——玛利亚姆帕

热伊曼阿恰（热伊曼姐姐）——热伊玛帕

亲属称谓 主要包括直系亲属、近亲、远亲和姻亲。在亲属关系上，以父亲近亲为主。祖孙三代直系血亲间有明确称呼。父亲称“阿塔”，母亲称“阿帕”，祖父称“包娃”或“达达”，祖母称“琼阿帕”或“阿那”，哥哥称“玛拉卡”，弟弟称“依尼欧卡”，姐姐称“阿依拉”，妹妹称“斯尼勒”，儿子称“欧古力”，女儿称“克孜”，孙子称“乃吾热”，曾孙称“艾吾热”，玄孙称“彻吾热”。其他旁系亲属也有专门的称谓，但一般不用。

村民对父母亲的兄弟姐妹称“琼阿达”（大伯）、“克其克阿达”（叔叔）、“琼阿帕”（大妈）、“克其克阿帕”（小姨）。没有亲戚关系或与父母亲同辈的人，一般在其名字后面加称呼。

地名读音 麻扎村地名上的音节也有字母变动，从而形成了当地的独特方言。如：

书面读音：	当地方言：
阿吾买拉（那个村子）	伊买拉（那个村子）
买旦（操场）	麻依旦（操场）
亚铺提坎（吃过）	亚卫卡（吃过）
库姆须尔（沙碱）	库姆须（沙碱）
提戈波孜亚尔（荒地）	提卫扎（荒地）
琼巴克恰（大院子）	琼瓦恰（大院子）

亚尕其托戈曼（木制的碾子）　　　　亚尕西托戈曼（木制的碾子）

维吾尔语中常借用的部分汉语词汇

斤，瓜子，大豆，样子，凉面，黄瓜，白菜，道理，加工，架子，仓库，王，亲王，大门，麻绳，杠子，煤矿，凉粉，木匠，芹菜，韭菜，裤衩，搅团，油坊，菜刀，洋芋，毡筒，大个子，麻杆子，花椒，龙口，姜皮子，氽汤肉，缸子，炮仗子。

汉语中常借用的部分维吾尔语词汇

孜然（小茴香），皮牙孜（洋葱），坎土曼（铁锄头），馕（烤饼），呼嘟（睡觉），巴扎（集市），阿达西（朋友），白卡尔（徒劳），托拉（多许多），袷袢（上衣、大衣），阿訇（宗教人员），恰塔克（麻烦），布迈多（不行），吾依孃（跳舞），海买斯（都、全部），巴郎子（小男孩）。

维吾尔语、汉语互用部分词汇

坎儿井（暗渠），莫合烟（手卷烟），卡拉茶叶（茯茶），恰依纳克（茶壶），恰依丹（热水瓶），恰玛古（蔓菁），帮尖儿（差不多），麻达（麻烦），胡里麻堂（敷衍了事），零干（完了、没了），肚子胀（生气），艾来拜来（胡搅蛮缠），当当（纠缠），阿依朗子（大姐），索拉西（差劲），沙依木阿洪（怕老婆的人），牌当子（好处、油水），撒让（傻子），吾马西（糊糊儿），儿子娃娃（男子汉）

常用谚语

众人点起火，谁也扑不灭。

贤人谈见识，庸人扯吃喝。

田地是收获之母，劳动是丰收之父。

土地是金饭碗，辈辈吃不完。

浪费是支出，节约是收入。

肥料是土地的宝贝，汗水是丰收的蜜汁。

夏天拾的粪，冬天变黄金。

坐求人家办事，不如自己动手。

开头懒得走，后头就得跑。

智者怪自己，愚者怨朋友。

只要心胸宽，一串葡萄够四十人吃。

一匹马扬不起灰尘，一根柴烧不起烈火。

菜的味道在盐里，人的身份在话里。

好话说破石头，蜚言打破脑袋。

能管住嘴巴的人，就能掌握自己的命运。

打铁要看火色，买锅要敲打敲打，娶妻要了解了解。

只看瓜蔓长，不知结瓜少。

金子银子皆石头，大麦小麦蒸馒头。

看山不高，落雪不消；看路不远，老走不到。

有耐心，酸杏可制蜜；有耐心，石头里挤得出水。

一口锅煮不下两个羊，一只胳膊夹不住两个西瓜。

拳头大的一块石头，可以敲碎一口袋核桃。

沙子捏不成石头。

戈壁上找泉水——难得很。

人与人相依存，果仁与皮同存。

犹豫的毛驴会被狼吃掉。

袷袢新的好，朋友旧的好。

真理可以折弯，却永远折不断。

牛的肉只吃一天，牛的奶能喝千日。

话讲多了是沙子，话讲少了是金子。

馕要掰成小块吃，话要想上三遍说。

异国他乡的一只烤全羊，不如故乡的一个热馕。

古村生活

麻扎村民淡泊悠然、善良单纯，过着简单快乐的生活。如今，过上幸福生活的麻扎村民，正沐浴着中国共产党的恩情，踏着自信的脚步朝小康社会迈进。

红山村外斜，绿树随处栽。斟茶把客待，诚心永不灭。党恩心中怀，皆把笑颜开。

◉ 婚姻家庭

婚姻　中华人民共和国成立前，麻扎村存在包办、强迫、买卖、一夫多妻、老夫少妻、早婚、近亲结婚等现象。

新中国成立后，村内离婚率不断降低。尤其是随着社会的进步与发展，麻扎村的年轻人都是自由恋爱，自愿结合，依法办理结婚、离婚事宜，父母仅提供参考意见。在日常生活中，“男主外，女主内”，妇女与男子享有平等的权利和地位。男人负责出重劳力或打工增收，如葡萄开墩、埋墩等。妇女主要负责看管孩子并负责全家人的饮食，或配合男人做一些葡萄修枝、采摘等工作。男人一般不做家务，妇女承担家务劳动。每天清晨，妇女们要做的第一件事就是手提水桶泼洒庭院，把自家庭院内外清扫干净，随后便为家人准备早餐。

家庭

家庭结构　麻扎村的家庭是以夫妻关系为基础而形成的，家庭成员一般包括祖孙三代以内的直系家庭，如果家庭居住条件允许，也有四世同堂。多子女的家庭，女儿到结婚年龄后，出嫁为人妻，与其丈夫和婆家共同生活。

儿子长大成婚后，有居住条件的要与父母兄弟姐妹住在一起，没有居住条件的另立门户，但父母身边要留一个儿子，通常是最年幼的儿子，作为父母养老送终的依靠。

财产分配 解放前，麻扎村财产继承一般按直系亲属进行分配，也可以根据死者的遗嘱，分配给旁系亲属。虽然儿子、女儿、妻子都有财产继承权，但存在重男轻女的问题，一般女儿只能分得儿子的1/2，妻子可得财产的1/4或1/8。如果没有儿子，还要把部分财产交由近亲继承。养子、继子一般没有继承权，但若死者没有任何亲属，养子或继子也可以继承财产。解放后，妇女在遗产继承权上享有与男子平等的权利，并受国家法律保护。

家庭教育 麻扎村民在家庭教育中很注重教育引导子女做人与做事，但对子女接受学校教育重视不足，因而麻扎村的大学生相对偏少。

进入21世纪，县乡村三级党组织多渠道开展宣传教育活动，让村民充分认识受教育的重要性。如今，多数家庭尤其是年轻夫妇观念转变明显，普遍认为要竭尽全力为孩子提供一切受教育的条件，让孩子掌握知识，让知识改变孩子命运。

◉ 古村民风

麻扎村民风中，最典型的是以孝为大、邻里和睦、质朴单纯、尊老爱幼。

以孝为大 麻扎村民以孝为大，以孝自豪，只要家中父母没有去世，子女必须要与父母住在一起，方便时刻照顾。除非家中房屋不够，父母同意后才能让先成家的儿子另立锅灶。家里有好吃的要先给父母，吃饭时要先给长辈盛饭，结婚另居的必须经常回家探望父母。麻扎村内很多家庭是四世同堂，还有些家庭几个儿子成婚后都与父母同住，一大家人相处和谐，其乐融融。

邻里和睦 麻扎村民团结和睦，邻里之间相处融洽。尽管村民并不算富足，可谁家做了美食，总要先送给邻里品尝；谁家要办婚礼、割礼等活动，周围邻居和亲朋好友总是及时送去各种食物，为办事的主人分担；谁家有困难，其他家庭总是尽力帮扶。

质朴单纯 多数麻扎村人与外界交往不多，思想单纯，为人质朴。即便是一些经常在外的商人，也保持着麻扎村人特有的纯朴，致富后都以帮扶村民为己任。在麻扎村内，经常可以看到经营玉石的商店或经营农副产品的摊位无人看守，找寻之后才发现主人到里屋休息或处理家庭事务了，从不担心别人顺手拿走商品。

和睦一家　　黄彬　摄

古村温情　　黄彬　摄

麻扎村党支部为村中老人过生日

尊老爱幼 麻扎村民对长者非常尊重，一同走路时，让长者先行；谈话时，让长者先说；进门时，让长者先进；入席时，让长者坐上座。不论哪里，晚辈不从长辈面前横穿而过，晚辈不在长辈面前抽烟、喝酒、说粗话、顶撞长辈；若长辈骑马、骑驴、赶驴车出行，晚辈要给牲畜喂草、饮水，为长辈备鞍或套车，并扶老人上下。

麻扎村还有爱幼风尚，长辈经常为孩子祈愿，祝愿孩子健康成长；到别人家，先向老人问好后，见到孩子要给一点小礼物，并要抱起来亲一亲，逗一逗；父母亲出远门或逛街回来，必会给孩子带些好吃的。

◉ 生活习惯

麻扎村的生活习俗是在长期生产生活过程中形成的。

喜盐 麻扎村民秉承着先辈的传统，在生活和一些习俗中都离不开盐。如在举行尼卡仪式时，新郎和新娘要吃用盐水蘸过的馕，预示爱情的甜蜜交融。麻扎村民对盐和馕非常珍惜，从不轻易践踏，所以他们从不把含有粮食和盐的洗碗水、洗锅水随意倒在人们行走的路上，而是倒在人们踩不到的墙旮旯。

单数吉祥 麻扎村民在生活中把十以内的单数看成是吉祥的数字，生活中常常选用单数。如用“阿不杜瓦”（洗手用的水壶）给人倒水洗手时只倒三次，盖房子的大梁也要单数，男孩割礼选在单日，等等。像这样有趣的单数风俗在村民生活中经常可见。

爱花 麻扎村民把花视作幸福和吉祥的象征。花，维吾尔语称“古丽”，爱花、养花、戴花、绣花已深入到村民的骨髓中。

春暖花开后，无论男女老少都喜欢摘一朵鲜花，或拿在手上，或插在鬓边，或装点房间，或送给心爱的人。村民还喜欢三五成群地一起唱《戴花歌》：“花儿美，花儿香，戴在头上多漂亮；年轻时似花一样，年老时果更香。”村民不仅喜欢在庭院内种花，而且很多女性的名字也用花来命名，如：阿娜尔古丽（石榴花）、塔吉古丽（鸡冠花）、齐曼古丽（山花）、热依汗古丽（罗勒花）、提拉古丽（金钱花）、来丽古丽（牵牛花）。

在麻扎村，几乎每户家庭的门上都刻有花、绘有花，家具上也绘有花、镶嵌有花，

门前花草

地毯上、壁挂毯上织有花，被褥、枕头上绣有花，女人衣着上个个有花，就连天天吃的馕上也压着花。他们认为花是最美的东西，能给人们带来幸福和欢乐。更有趣的是，男性传统服饰的袖口、领口上也绣有花。在麻扎村民的婚礼上，不仅新郎、新娘戴花，参加婚礼的挚友亲人也都戴花。

编小辫子 麻扎村的小姑娘很喜欢编小辫子，独特而又优美的小辫子为麻扎村小姑娘增添了许多姿色。麻扎村姑娘头上的小辫子一般来说最多 40 根，最少不少于 9 根。40 与 9 这两个数字，也被麻扎村民视为吉祥数字。村妇一般用兑了水的树胶，给自家小姑娘的满头小辫定型，可以维持很多天而不变形。姑娘长大出嫁后，最多只留两根辫子，或者将头发挽上盘起。现在村内很多老妪仍然经常梳两根辫子。

奥斯曼草汁描眉 麻扎村的女性都有又黑又浓的眉毛，这与她们从小就喜欢用奥斯曼草汁描眉有很大关系。麻扎村村民一直沿用奥斯曼草汁描眉的传统习俗，从女儿出生的第七天开始，母亲就用奥斯曼草挤压出的鲜汁来涂抹女儿的双眉。女孩稍大些便会自己涂抹，这样日复一日，年复一年，长大后姑娘的眉毛就会又黑又浓甚至两眉紧紧相连。

麻扎村姑娘的小辫子

露宿 麻扎村夏季酷热，在每年 5—9 月的整个夏季里，村民养成了在凉棚下、庭院内外、房顶上、大路边、村边的戈壁沙滩上露宿的习惯。露宿的村民有的睡床，有的睡在驴车或拖拉机拖车上，有的则干脆打地铺，有的在房顶睡。这种和大自然亲密接触的露宿，是生活在火焰山下的麻扎村民消暑纳凉的一种原生态生活方式，并传承至今。这是因为夏季的火焰山脚下，夜晚温度宜人，凉爽通风，没有蚊虫的打扰，可以迅速安然入睡。在 5—9 月间，每当夜晚来临，麻扎村民会在房顶放置毡毯或房前放置床，村民在相互闲谈中渐入梦乡，也构成了麻扎村一道独特的风景线。

◉ 相关禁忌

饮食禁忌 禁吃猪肉、狗肉、驴肉、骡子肉和猛兽猛禽肉，禁吃动物的血。对待任何食品，决不允许用脚踩或跨越过去。不能乱扔馕，也不能扔馕渣。看见地上丢弃的馕，也要捡起来放在高处或不容易被人踩到的地方，尽量让其他动物能吃掉而不至于浪费。同时，对乱扔馕的行为要进行谴责。

服饰禁忌 忌穿袒胸露背或过于短小的服装，在公开场合，除非进行体育运动，否则不能穿短裤、背心到处走动。

礼仪禁忌 麻扎村民忌踩跨餐布，忌讳在盘中拨弄食物和嗅食物。忌讳到锅灶跟前去，更忌揭锅盖或揭盆盘上的遮盖物。用餐时，食物渣、饭粒、菜掉了，不能不管，要捡起来放到餐桌或餐布上。村民珍惜粮食，就餐时忌在自己的碗盘中剩下食物；吃馕、点心及瓜果时，要掰着或掐着吃，忌拿整块或整串吃；用餐时，不能敲碗；若非提前离席不可，不能从他人面前经过。在麻扎村民家中做客，忌腿伸长向前坐，忌翻主人的东西，忌在屋内到处走动，忌一只手接茶碗或饭碗，忌用一只手接送礼物，忌盯着别人做饭或做一些事。另外，麻扎村忌陌生人进产妇房间，男子忌蓄长发、留长指甲。

◉ 收入与消费

收入 新中国成立前，麻扎村只有个别村民拥有资产和地产，多数村民为贫苦出身的佃农，依靠租赁土地或出卖劳动力生存，加上生产条件限制，生产力水平不高，抵御自然灾害能力差，村民生活普遍困难。新中国成立后，村民生活发生了质的变化，村民拥有了土地，不再受地主阶级的剥削。20 世纪 50 年代末，吐鲁番地区、鄯善县在麻扎村搞葡萄高产示范田，村民生活基本得到保障。20 世纪 80 年代，土地承包到户后，村民的生产积极性高涨，但受技术管理水平的限制，葡萄亩产值不高。20 世纪 90 年代中期，麻扎村的百年老葡萄园缺乏更新和科学管理，葡萄产值不高，加之麻扎村民当时人均土地不足 0.5 亩，麻扎村因此被列为自治区贫困村。自 20 世纪 90 年代末开始，当地政府在麻扎村东南和西南处大力垦荒，增加农民人均占有耕地，并引导村民有序搬迁。21 世纪后，县乡两级政府强力改造麻扎村百年老葡萄园，引导支持村民实施技术更新和科学管理，并扶持村民发展畜牧业、手工业和旅游服务业，多渠道推动村民增收致富。2016 年，麻扎村民人均收入达到 9626.3 元，比 1996 年增长 10 倍以上，比 1990 年翻三番以上。

消费 20 世纪 70 年代，村民消费主要用于解决温饱问题，衣着消费不多。20 世纪 80 年代后，村民衣着消费有所增加，但大部分收入依然用来维持温饱，对着装要求不高，很多村民穿着补丁服装。20 世纪 90 年代后，村民收入增长迟缓，相当一部分村民经济上捉襟见肘。21 世纪后，村民收入增长，各项消费支出不断加大，年轻女性逐渐穿上了时尚潮流服装。

20 世纪 90 年代，电视、电话、手机等现代化设备对生活相对贫困的麻扎村民来说是奢侈品，只有少部分家庭使用。21 世纪后，每家每户都用上了电冰箱、电视、洗衣机、手机等现代化设施，很多村民家中安装了空调。村内固定电话接入、移动电话开通、光纤网络覆盖率 100%，户户通卫星电视接入率 100%。村民十分感激党的好政策，尤其是年龄偏大的村民，觉得以往想都不敢想能过上这种有肉、有菜、有白面吃的好日子。

解放前，村民出门基本是靠步行，只有极少数人骑马或乘马（驴）车。20 世纪 50 年代，少部分有条件的村民开始用毛驴车出行，20 世纪 80 年代中期，几乎每家都有毛驴车，村民出行基本靠毛驴车，有条件的村民使用自行车出行。20 世纪 90 年代后，自行车普及，有条件的村民开始用摩托车、拖拉机出行。21 世纪后，三轮摩托车、电动车、卡车、小汽车逐渐取代毛驴车、自行车在家庭交通运输中的主导地位，毛驴车、自行车逐渐淡出村民生活。

20 世纪 60 年代末，鄯善县汽车运输站开通汽车客运，每周二、四、六各有一趟车通往吐峪沟乡。20 世纪 80 年代末，每天有吐峪沟至鄯善，吐峪沟至吐鲁番，鲁克沁镇、达浪坎乡、迪坎乡至吐鲁番的过境班车通过麻扎村，为麻扎村民进城办事带来便捷。随着改革开放的深入，20 世纪 90 年代中末期，民营交通运输业逐渐发展起来，吐峪沟乡及周边乡镇到吐鲁番而途经麻扎村的中小型客运车增多，麻扎村也有个体户经营至鄯善县或吐鲁番的客运线。21 世纪后，出租车队伍快速壮大，出租车客运很快占据麻扎村远程客运的半壁江山。2016 年，麻扎村有汽车的家庭 40 户，出租车经营户 6 户，家家户户都有摩托车或三轮车。

◉ 文化生活

热爱生活的麻扎村民崇尚休闲，注重交流，文化生活相当丰富。

赶巴扎 巴扎是从事商贸活动的场所，即集市。巴扎在麻扎村民的日常生活中都是极其重要的一个场所。每到巴扎日，村民都会穿着盛装，三五成群、携家带口地前去巴扎选购各类商品，经营农产品生意的村民更要提早来到巴扎。村民甚至还会择日去别村赶巴扎。农村的巴扎物美价廉，经济实惠，产品繁多，有服装家电、摩托车、各类农具、水果蔬菜等，只要是农村生活需要的，巴扎上基本都有销售，另外还有各类美食，

农村巴扎

村民演艺交流

很多人选择在巴扎上改善饮食。每逢村内巴扎日，方圆几十里的群众纷纷去赶巴扎，场面十分壮观。

麻扎村合并到吐峪沟村后，每周一为吐峪沟村巴扎日。2010 年之前，吐峪沟村巴扎设在麻扎村与英买里村交界处的道路两旁，但由于巴扎绵延 2 千米，加上赶巴扎的村民过多，每逢巴扎日就会交通拥堵，大车辆多会绕道而行，小车辆通过也极不安全，随时担心触碰拥挤的人群。2010 年后，乡村两级组织投入 30 余万元，在麻扎村南邻英买里村原乡供销社办公室周边清出近 20 亩空地，用于巴扎所在地。初期铺上沙石子路面，2017 年，该村利用集体经济收入，实施巴扎场地的水泥硬化工程。巴扎由村委会负责管理，巴扎摊位收入归村集体所有。

巴扎有着严格的时间周期，通常按星期排列，以七天为一个时间轮回，同一乡镇的行政村都会有一天巴扎日。如果乡镇内行政村低于 7 个，则为每个行政村每周固定一天巴扎日，原则上不重复；如乡镇内行政村超过 7 个，就可能产生不同村拥有同一个巴扎日的现象。

文化大院活动 自 2014 年始，鄯善县委针对农村文化娱乐活动相对贫乏、农村党员群众教育不能与时俱进等问题，在强化村级办公活动阵地建设的基础上，投资 1350 余万元在农村建设了 351 个文化大院，其中在麻扎村建立文化大院 12 个，并为文化大院配备了电脑、民俗乐器、投影仪等。文化大院选择党性强、威望高、乐于奉献、屋院宽敞的农村党员或“四老”人员（老军人、老干部、老党员、老模范）担任文化大院负责人，推行“村民小组党小组活动中心 + 村民文化大院”运作模式，每个文化大院覆盖周边 15~30 户群众。同时，鄯善县还组织了 25 家行政企事业单位与村内文化大院结对帮扶。乡村两级组织在文化大院经常开展文化娱乐、技能培训等活动，不断丰富村民文化娱乐生活。文化大院的建立，不仅促进了村民的交流互动，还让村民学到了致富本领。农闲时期，村民还可以在文化大院跳舞、唱歌。

夜幕下依然热闹的巴扎

美食大赛

文化大院文艺表演

2015 年以来，乡村两级组织按照“周周有活动、月月有演出”的要求，在冬春农闲时节开展“科技之冬、法制之冬、文化之冬”活动，组织村民在文化大院开展打馕、美食、十字绣、刺绣等技能比赛。通过丰富多彩的文化娱乐活动，引导村民树立正确的价值观、团结观、婚育观、消费观，形成团结互助、扶贫济困、平等友爱、融洽和谐的良好风尚。

农民运动会 20 世纪 90 年代后，随着村民生活水平的逐步提高，村民对文化娱乐生活的需求不断提高。乡村两级组织利用每年劳动节、青年节、国庆节等节日，筹办乡村两级农民运动会。先由村级组织，挑选各项目优胜团队再参加乡农民运动会。农民运动会项目主要包括篮球、国际象棋、下方、乒乓球、跳绳、跳棋、拔河、踢毽子、斗鸡、斗羊等比赛。

农民运动会

拔河比赛

农家书屋 2004 年，鄯善县结合村级办公活动阵地建设，在麻扎村建设了 30 余平方米的农家书屋，农家书屋有时事政治、实用技术、优生优育等各类图书，免费向村民开放。

农家书屋

村民休闲活动

斗鸡 麻扎村斗鸡活动历史非常悠久。斗鸡活动可以在本村内开展，可以约外村人到本村来，也可以到别村去，还可以相约他处或在巴扎上开展。参加斗鸡的村民都清楚，斗鸡要从小精心挑选，从鸡脚到鸡身都有要求，并要认真培养，这样的斗鸡长大后都很顽强勇敢。斗鸡也需要经验，有些斗鸡越战越勇。有时，两只斗鸡能大战两个小时都互不服输。在两只鸡打斗期间，双方主人隔一段时间就会各自抱起自己的鸡，用清水把鸡喙上的鸡毛和凝固的血迹洗掉，然后再在鸡肛门拍上点凉水，给鸡降降体温，之后同时将斗鸡再放进场地。斗鸡只稍作喘息，就立即精神抖擞了。如此往复，直到一方鸡认输逃跑或因体力不支难以站立为止。

斗鸡

摔跤　　黄彬　摄

斗羊　麻扎村斗羊活动历史也很悠久。麻扎村民家中基本上都养羊，在闲暇时节，村民为增加生活乐趣，就会从自家羊圈牵出一头壮羊（多为公羊）开展斗羊活动。每逢村内开展大型活动，如桑葚节等，就会把斗羊活动摆出来，让游客观赏。斗羊一般按年龄、体重、名气分类，轮番入场，一对一对的斗，实施单循环赛。斗羊活动开始，村民会弹起冬不拉、敲起手鼓，伴着维吾尔族特色音乐，两只虎气生生的雄性大绵羊进入场中。这时音乐骤然停止，两个羊头四只大角相撞，发出“嘭”的一声巨响。如此反复，大约要斗几个回合，方能决出胜负。

斗羊

摔跤　麻扎村摔跤活动比较别致，摔跤前左大腿上必须绑一条毛巾或结实的布条。摔跤开始前，两个选手右手由下向上从对方左大腿绑着的毛巾内插过去，抓住毛巾。

待裁判一声令下，选手就开始各显神通，可以抓住毛巾使劲往上提，可以脚下使绊子，既比力量，也比技巧。有组织的摔跤一般都选择在节日或各类活动里进行，随意挑选青壮年小伙子就可进行。摔跤一般采取三局两胜制，通常给予获胜者一只牛头、一只大公鸡或一只大羊头的奖励。

拉木棍 拉木棍比赛完全是娱乐性的，随意性很大，任何时间、任何地方都可进行。拉木棍比赛前，先要找一根结实的、如铁锨把粗细的木棍。比赛开始前，两人面对面、脚蹬脚，双手抓住木棍。一声令下后，被拉起来的一方为输。

掰手腕 麻扎村民掰手腕比赛没有人专门组织，完全是血气方刚的年轻人即兴娱乐。掰手腕不光比腕力，也比腰力、爆发力、耐力。掰手腕有一张桌子、两张凳子即可。比赛前，两人肘撑桌面，按约定或右手与右手相握，或左手与左手相握。一声令下，双方手往内侧掰，以将对方手背贴到桌面为赢。

下方 下方是麻扎村民十分钟爱的一种棋类游戏，随时随地都可进行。下方是将棋盘画在地上，由横竖各七条线画成方格构成。然后，一方用一寸左右的小木棍作为棋子，另一方用小石子或小土块作为棋子。游戏开始后，由一人先摆棋子，另一方跟进，如果一个棋子被围困无路可走，就被吃掉了，一方棋子被吃光就输了。下方是一种智力游戏，村民在田间劳作休息或日常闲暇交流时，时常会下方。

打髀士 21 世纪之前，麻扎村的多数村民尤其是男性都会打髀士。所谓“髀士”，就是羊后腿关节的髀骨，维吾尔语称“吾修克”。打髀士也是个技术游戏，大拇指、食指、中指三个指头捏住髀士，对着摆在前方的对方髀士，高速弹出去。打髀士一般为二人较量，规则根据双方的水平商定。一般是将对方的髀士打出三脚远，就为赢，奖品就是这个被打出三脚远的髀士。21 世纪开始，村民文化生活日渐丰富，这项活动也逐渐退出历史舞台。

◉ 创建活动

精神文明创建 1984 年，麻扎村开展文明村、文明户创建活动，提出创建文明户必须达到“七好”“七不”要求，即民族团结好、家庭和睦好、教育子女好、邻里关系好、法制学习贯彻好、生产责任制贯彻好、计划生育好；不吵嘴打架、不偷损公私财物、不搬弄是非、不搞精神污染、不违反法纪政策、不吸毒赌博、不包庇坏

吐峪沟乡民族乐队表演大赛

人坏事。通过开展文明户创建评选，提高了村民创建精神文明的积极性和整体文明度。2000 年，麻扎村被授予县级文明单位荣誉。吐峪沟景区开发后，县乡两级政府结合景区建设、美丽乡村建设和村民习俗，在巩固文明创建的基础上，引导村民开展“靓丽庭院”争创和评选活动，营创美化庭院、爱护环境、文明礼貌、团结守法的浓厚氛围。同时，结合麻扎村民热爱生活、崇尚休闲的实际，积极组织村民开展各类健康向上的文化娱乐活动，使民族团结、爱护生态、遵纪守法、健康向上的思想观念真正深入人心。至 2016 年年底，麻扎村创建文明户 285 户，占全村总户数的 93.75%；评选出“靓丽庭院”51 家。

“四有四无”村户创建 “四有四无”村户创建是鄯善县统揽农村工作的抓手，是精神文明创建活动的延伸和拓展。“四有”即有致富能力、有法律意识、有文明风尚、有

模特秀

村民文化活动

互助精神；“四无”即无违法犯罪、无“三非”（非法宗教活动、非法宗教宣传品、非法宗教网络传播）活动、无不文明行为、无脏乱差现象。

自 2013 年开始，县乡两级政府以“四有四无”村户创建为载体，大力推进农村环境整治，配合创建活动开展“十个起来”，即喇叭响起来、国旗升起来、电影放起来、活动搞起来、颂歌唱起来、阵地暖起来、设备用起来、培训办起来、观点亮起来、信心树起来。并对“四有四无”村户创建实行滚动管理，对创建达标户采取物质奖励、精神奖励等措施，充分调动村民参与创建的积极主动性，不断活跃乡村文化，营创团结互助、和谐发展、安居乐业的社会环境。2016 年，麻扎村共创建“四有四无”户 279 户，占全村总户数的 91.78%。由于村民创建热情高，一直未出现滑坡摘牌现象。

◉ 古村脱贫

为推动麻扎村脱贫致富，县乡两级政府立足村情实际，精心研究，制定出古村扶贫攻坚的总目标和路线图，坚持用好用活党的富民惠民政策，举对口帮扶单位之力，多渠道推动古村脱胎换骨。

桑葚增收

产业扶贫

为打造麻扎村的经济特色，县乡两级政府紧密结合麻扎村葡萄种植的历史和优势，全面更新改造百年老葡萄园，先后投入近百万元，为农民提供水泥桩、铁丝等搭架物品，引导支持群众对葡萄实施架式改造和科学管理。同时，在麻扎村东南戈壁荒滩上开垦耕地，扩大葡萄栽植面积，使村民由人均 0.41 亩葡萄地增加到 1.1 亩。同时，落实技术人员跟踪服务捆绑责任，帮助村民解决葡萄栽植中遇到的病虫害防治等技术问题。2014 年，村民葡萄亩产收入从 20 世纪末的 1000 元以下增加到 5000~10000 元。同时，紧紧抓住吐峪沟景区开发建设的大好时机，大力发展畜牧养殖、饮食服务业等，探索“公司 + 农户”“互联网 +”等增收模式，努力拓宽村民增收渠道，打造一条村民收入可持续增长的经济发展之路。通过挖掘优势资源，整合零散资源，开发潜力资源，多方大力扶持，麻扎村涌现出多个朝阳产业。

林果业 县乡两级政府还结合麻扎村情实际，全力打造“万亩桑杏园”旅游景观，在麻扎村至高昌故城旅游专线两旁栽植桑树 3000 余亩，在麻扎村南部种植杏树 8000 余亩。吐峪沟景区开发后，麻扎村甘甜可口的桑葚受到游客的喜爱和好评，已带动了村民增收。

葡萄晾干

改造后的葡萄园丰收　　黄彬　摄

畜牧养殖业　麻扎村畜牧养殖历史久远。21 世纪前，村内每家每户都有畜牧养殖，养殖主要以牛、羊和家禽为主，限于家庭牲畜圈的大小，家庭畜牧养殖只是满足日常生活所需。21 世纪后，县乡两级政府积极帮助村民改良牲畜品种，实施大户投资、农民入股、“公司 + 农户”的方式发展壮大养殖业，使村民从人均养殖 1~2 只羊增加到人均 5 只以上。建立标准化牲畜养殖场 3 个，成立了大峡谷畜牧养殖合作社、前进畜牧养殖合作社、桑葚畜牧养殖合作社等 9 家畜牧养殖合作社，通过农户入股、分散经营等形式，推动村民增收。其中，吐峪沟大峡谷农民专业合作社为国家级示范合作社，吸引了 212 户农户参与入股，带动 112 人就业，旗下养殖合作社集牛羊养殖、屠宰加工为一体，除去养殖创收外，每年会根据股份分红，每位会员至少可分红千元以上。同时，把麻扎村归属的吐峪沟村纳入全县重点扶贫攻坚对象，仅 2016 年就为贫困户发放扶贫鸡 4.85 万羽、扶贫羊 970 只，为麻扎村畜牧业发展壮大营创了良好条件。

旅游业　麻扎村独有的自然风光和风土人情赋予了吐峪沟景区无形的魅力，使吐峪沟景区的知名度不断提升。同时，在大峡谷景区售票点建设民族特色凉棚，供周边群众推销旅游产品、开办民族特色小吃专用。引导支持村民在景区周边经营特色农家乐 18 家，农家坊民情风情游 1 家，农副产品和旅游纪念品经营 13 家，不仅拓展了景区资源，增加了村民收入，也带动了农村富余劳动力就业。已尝到甜头的村民，发展饮食服务业的劲头很足，每逢桑葚节等大型旅游节日，村民都踊跃参与。麻扎村还成立了农家乐、打馕、手工刺绣和民族服装加工等 9 家合作社。其中，尤库买里打馕专业合作社是由 56 名农村妇女参与的打馕合作组织。该合作社所打的馕，用清油、鸡蛋、牛奶和面，打出的馕香气扑鼻，吃起来酥脆松香，在 2016 年吐鲁番市举办的打馕比赛中荣获第一名。因为馕产品供不应求，参加合作社的妇女每人每月创收 3000 元以上。

电子商务业 利用“互联网 +”相关政策发展农村电子商务，积极引导村民注册淘宝商店 30 余家，微商 80 余家，其中受益贫困户 12 户 12 人。通过发展电商产业，带动了麻扎村周边葡萄、石榴、大芸等农副产品销售，仅 2016 年电商产值就逾 700 余万元。

民族特色服装业 麻扎村成立了三家民族服装加工合作社，实施“公司 + 农户”的方式，通过订单、网络销售等形式，加工销售民族手工刺绣、民族服装、花帽等特色服装，村民不出家门就可务工创收。2016 年，村内共有 60 余名妇女参与手工刺绣和民族服装加工，每人每月增收 2000 元以上。

劳务输出业 麻扎村东部、西部、北部油田的勘探开采，以及村西南部的万亩设施基地建设，都为麻扎村及周边行政村富余劳动力提供了就业平台。据不完全统计，麻扎村每年都有 60 名以上富余劳动力到油田就业务工。同时，麻扎村周边丰富的砂石料资源，也吸引了村内 3 个大户在村东和村南开办了两家砂石料生产厂、两家砂石料经营厂、两个搅拌站和一家预制厂，采取“公司 + 农民入股”的方式经营，每年吸收 40 名左右农村富余劳动

电商运营培训

力就业。为了发挥麻扎村的区位优势，做强劳务输出产业，2017 年 6 月，麻扎村在吐鲁番市率先注册了“楼兰创业基地”，结合企业和种植大户的用工需求，有针对性地对农村富余劳动力开展技能培训，再向企业和种植大户输送合格人才，进而达到“双赢”的效果。

技能扶贫 针对麻扎村葡萄地少、就业技能单一的贫困群体，以转变就业观念、提高致富技能为重点，充分利用村民活动中心、文化大院等阵地，筹办各类技能培训班，让村民拿着技能的金钥匙打开致富门。自 2010 年以来，县乡两级政府先后在麻扎村举办各类技能培训 30 余期次，培训农民 2620 人次，推动村民一人掌握一技。重点开展了餐饮烹饪、电焊、装修、旅游服务接待、刺绣、手工艺品制作、包装与销售等方面的技术培训。在组建打馕合作社的基础上，专门组织开展了 13 期打馕技能培训，带动 8 户贫困户人均增收 1600 元以上。同时，结合葡萄种植、畜牧养殖等产业，定期或不定期组织技术骨干开展实用技术培训。2010 年以来，先后就葡萄修剪、病虫害防治、牛羊养殖等实用技术培训 80 余场次，培训农民 1.43 万人次。

在开展技术培训的基础上，还积极推进安居富民工程建设用工本地化，组织贫困村民就近就业 73 人；结合村西南设施农业基地、合作社季节性用工等实现就地就近短期转移就业 453 人；向农田水利设施建设、林木管护、农家乐、特色餐饮等灵活就业转移 41 人，人均月增收 1800 元以上。

民族服装产业

旅游技能培训

民族服装裁剪培训

葡萄修剪与管理技术培训

基础设施扶贫 21 世纪以来，县乡两级政府结合吐峪沟景区开发契机，整合古村落保护、美丽乡村建设等项目资金，大力推进麻扎村基础设施建设。先后投入资金 5000 余万元，完成道路硬化 4.8 千米、巷道硬化 2.1 千米、庭院硬化美化 3 万余平方米，对 221 户民居实施了立面改造，完成村自来水管网整体改造和电力线路升级改造，解决了村民用水难、常断电的难题。在麻扎村约 4 千米长的主干道路上安装了太阳能路灯。结合麻扎村新区建设情况，投入 130 余万元，完成了新区水、电、路等基础设施配套建设。

自 2010 年以来，吐峪沟乡持续开展麻扎村低产田改造工作，协调争取上级财政支持，及时向村民发放每亩 500 元低产田改造补助金；统一规划，免费划拨葡萄晾房地，并新修水渠 18.5 千米，新建田间桥梁 21 处，实现每家每户都能及时用水。2015 年，鄯善县结合贫困村整村推进工作，制定《关于印发鄯善县 2015 年扶贫开发整村推进工作方案的通知》，将行业项目、基础设施建设项目向吐峪沟麻扎村倾斜，不断提高麻扎村的综合生产能力和可持续发展能力。同时，加大麻扎新村建设，缓解古村落的承载压力。

麻扎村南街改造前

麻扎村南街改造后

对口扶贫　对口联系麻扎古村的吐鲁番市中级人民法院、市水利局、县政府办公室、县人民医院等 24 家单位和 6 家企业，对照帮扶目标，积极协助乡村两级组织建立一户一档、一户一卡，结合贫困户实际情况有针对性地开展帮扶。坚持输血与造血有机结合，着重增强贫困村民的自身造血功能和自我发展能力，除及时为贫困村民发放面粉、清油、化肥等生产生活用品外，还充分发挥行业和部门优势，帮助联系户理清致富思路、措施，并在资金、技术、贷款等方面给予帮扶，着力解决制约贫困村经济发展、影响贫困户收入增长和村集体经济发展的主要问题。仅 2016 年，联系麻扎村的 30 家单位就为贫困户每户发放 5 只扶贫羊，为麻扎村捐助帮扶资金 102.38 万元。

联系单位还帮助行政村更新篮球架等体育设施，主动与贫困学生结成帮扶对子，及时援助村内考入大学的贫困学生，并为创业村民协调解决了 10 台电动缝纫机，帮助村民销售农副产品和手工艺品，为参加农民运动会的村民购置运动服和运动鞋设备。县医院、县妇幼保健院等单位还组织医护人员到村内开展义诊，为个别贫困户就医提供免费治疗。湖南援鄯工作队先后 4 次到麻扎村调研座谈，提供水泥 330 吨，硝石钾肥 1000 袋，乒乓球设备、台球设备各 11 套，大喇叭 3 只，并捐助资金 15 万元。

扶贫攻坚座谈会

浓浓民族情

同时，麻扎村基础设施建设还得到了社会各界的大力帮扶。自治区直属机关工委向村支部拨付党建专项经费 5 万元、捐赠会议桌椅一套、办公电脑及打印机各 1 台，向村学校捐赠课桌 50 张、课椅 85 把，为贫困村民捐赠电视机 11 台；自治区红十字会为麻扎村下拨价值 1 万元的扶贫物资；自治区煤炭工业管理局为麻扎村划拨 200 吨生活用煤；自治区人民医院向村卫生室赠送了心电图机；吐鲁番市武警支队以军民共建名义为麻扎村捐助资金 2 万元；一些企业也对麻扎村道路建设、电路改造等基础设施给予资金支持。吐鲁番地区武警支队为麻扎村拨付资金 2 万元用于军民共建。2016 年，吐峪沟党委在麻扎村开展了“脱贫攻坚我在行动”募捐活动，募集党员干部、致富带头人等爱心款 161510 元，全部用于改善民生工作。

项目扶贫 随着麻扎村人口的繁衍生息，麻扎村房屋、土地等都无法满足需求。为保护麻扎村传统风貌，解决麻扎村发展的根本问题，鄯善县结合扶贫项目实施情况，先后在麻扎村开展了三次扶贫搬迁。1997 年，鄯善县在麻扎村西南 7 千米处，拓荒打井，植被造林，开垦耕地 1000 余亩，成立火焰山村，组织发动麻扎村、吐峪沟夏村、英买里村三个村群众有序搬迁。1998 年，麻扎村搬迁到火焰山村的有 38 户、150 人，

麻扎村手工艺品

舌尖上的麻扎村

政府给每个搬迁户补助2000元现金，并给予门窗、砖等建房物质支持。1996—1998年，吐峪沟乡结合自治区扶贫项目实施，在麻扎村东南开垦荒地2000余亩，为麻扎村、英买里村、吐峪沟夏村增加耕地面积。2004年，县乡两级结合新农村建设项目，在麻扎村东南，即现吐峪沟村办公活动之处，建设抗震安居房（土木结构）139套，麻扎村共搬迁35户141人。2014年，结合传统村落保护项目，规划占地400亩的麻扎村新区一期建设，建成抗震安居房139套，已有27户村民搬入新居。

2010年以来，县乡两级政府整合传统村落保护、特色村寨保护、美丽乡村建设等项目资产，重点用于麻扎古村修缮、基础设施建设。2014年6月，由于持续降雨，麻扎村经历了至少1.5米深的罕见山洪袭击，部分古民居受损，鄯善县进一步争取传统村落保护项目资金，为麻扎村修建排洪渠道130米，并安装防护栏等设施。同时，县乡两级政府深入挖掘“短平快”项目，鼓励支持村民发展民间手工艺加工、农产品经营、农家乐等项目，拓宽脱贫增收渠道，推动麻扎村经济步入良性发展的“快车道”。2004—2016年，麻扎村人均收入情况如表2所示。

2004—2016年麻扎村收入情况表

表2　　　　单位：元

年份	2004	2005	2006	2007	2008	2009	2010	2011	2012	2013	2014	2015	2016
人均收入	1827	2014	2551	2824	3021	3392	3752	4012	4519	5426	6440	8416	9626.3

艺文杂记

麻扎村沧桑的历史、厚重的文化、独特的民俗风情，吸引了天南地北的游客，更引起了诸多文人墨客的关注，留下了许多优美而令人赞叹的诗文篇章。

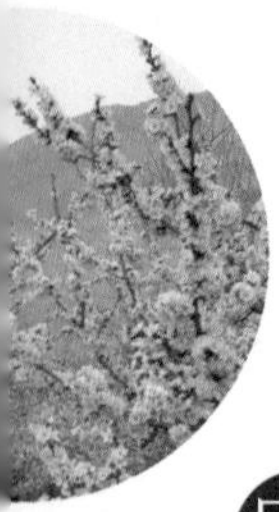

古朴淳厚的麻扎村，留下了诸多令人赞叹的诗文篇章，令人回味无穷。

◉ 诗文

吐峪沟的孩子

沈苇

一个白瓷般的孩子是易碎的
他是小宝贝，是心肝肉

在吐峪沟的屋顶上
他看见满天繁星
火焰山是他的襁褓
也是一只昼夜燃烧的馕坑

他在屋顶上爬行，蹒跚学步
仿佛来自他自己的晚年
经过了中年、青年和少年
终于变成了一个婴儿

终于有了升起在空中的摇篮

一个白瓷般的孩子是易碎的
他的母亲，也许只能捡到
孩子的几块碎片
母亲的乳房，因受伤而流出奶水

火焰山上走一回

蔡建军

多少年了，说起来也怪，我一直也没有忘记这首诗——

火焰山遥八百程，火光大地有声名。

火煎五漏丹难熟，火燎三关道不清。

这是还在上小学时，我躲在自家斗室偷读小说《西游记》时所抄下的一首诗。打开记忆的闸门，书中的许多精彩故事，就像纷纷放飞的鸽子，在我脑海中“扑闪扑闪”地自由翱翔。

从那时起，我那一颗不安分的心也开始做梦，梦想有朝一日，我要是能真到火焰山一游，该多美好啊！

似乎是前世有缘，也许是美梦成真，那年冰封时节，还在部队的我应邀参加全国武警边防部队首届文学创作笔会来到新疆首府——乌鲁木齐市。当我追忆童年浓郁得无法化解的梦之踪迹时，重重地深抹在我内心的梦幻，也终于如愿以偿。

隆冬，白雪皑皑。“考斯特”面包车飞快地驶出吐鲁番市，来到郊外，朝东北方向疾驶。时间真快，车过百里。“啊！火焰山。”不知谁喊了一声：“火焰山到了！”

我饥饿般地凭窗望去，那实实在在是传说中的火焰山，逶迤起伏如大海中浮起的巨鲸，庞然横卧地展现在我们面前，仿佛伸手可触。人们争先下车，纷纷拥向火焰山。啊！火焰山，嶙峋突兀，那是多少年来地壳作横向运动造成的褶皱带；沟壑纵横，那是多少年来被风蚀雨剥留下的印迹。此时冬日照射下赤褐砂岩灼灼闪闪，眨眼之间，仿佛从白雪下滚滚升起大火腾腾燃烧的感觉。目睹美景，我好奇之心如逆行之鱼，忍不住对陪同我们的《边防生活》杂志总编辑超杰兄发问：“要是盛夏季节来火焰山会是怎样的景观呢？”善解人意的超杰眼中立即闪烁着抑制不住的兴奋，说：“你看，火焰山由于山石风化，寸草不生，那裸露的砂岩，蛇曲的皱褶斑痕，呈现出深浅不一的赭色，要是在夏日炎阳高照和高温气流的折光下，立时会一派红光闪烁，炽热气流滚滚上升，云烟缭绕，仿佛火蛇乱舞，烈焰升空……这山也因此得名‘火焰山’，更成为吐鲁番盆地中最有魅力的一景。”此话充满刺激，更充满诱惑。我心中顿时升腾一种梦幻成真的喜悦，我对火焰山的渴望和向往也油然而生，情不自禁地诵起明代陈诚老先生写的《火焰山》的诗句："一处青烟一片红，炎炎气焰欲烧空。春光未半浑如夏，谁道西方有祝融。"

山是美的，美得波澜壮阔，美得无以言述。闭上眼睛想想吧：灰的戈壁，红的山，蓝的天，色调单一而凝练，多像莫奈笔下的一幅印象派画卷！自然界，真是个大手笔。此言非虚也！我犹豫着，凝注着眼前的友人，作家和诗人们的欢乐情绪感染着我。可我却决定要用自己的身心的宁静去体验大自然之美，去谛听大自然的启示……

我找到一个年轻导游，听说我从遥远的北国而来，便欣然允许了。

"火焰山，这样的庞大，从哪儿才能爬上高峰呢？"我环顾着重叠的山峰，不禁喃喃自问。这时一双有力的大手伸了过来，拉住我说："来！从这上！"一步又一步，缓慢地，脚踏实地地前行，生活也是这样啊！一刻又一刻，匆匆地，如果我们从爬山的意义里懂得生活本身也应该这样一步又一步地走，那该是一种多好的取益啊！

喘息，沉重的喘息；爬山！艰难地前行。火焰山的驿道在叠嶂起伏间忽上忽下，忽左忽右，千旋百转，就像一架硕大无比的梯子，直通云天。我们俩拄着拐杖艰难地向上爬着，气越喘越粗，速度越来越慢，走走歇歇，边上边聊。年轻的导游向我讲述了一个堪与《西游记》媲美的佳话：古时候，天山有一条可恶的龙，常常在夜晚飞到这里，一来就要吃一对童男童女。如果人们不向它供奉童男童女，可恶的大龙就大施淫威，毁平田舍，残害人畜。为了铲除这条恶龙，当地的一名叫哈拉和卓的青年手执宝剑，同飞来火焰山的恶龙激战了三天三夜，终于在七角井砍伤了恶龙。恶龙受伤后，突然从高空中‘啪’地跌倒在地上，只见落地未死的恶龙，扑腾翻滚，血流不止，染红了全身。哈拉和卓乘胜追杀，又举剑砍去把恶龙劈成十截。从此，这条死掉的龙就变成了这座山。被剁开处，便成了山中十道峡谷……

有趣的是，这些相传勇士剁成的峡谷，依然留下了青春的"剑痕"。经他点化，我不禁一震：是的！重峦叠嶂，陡峭如削，果真名不虚传！这导游说：每当夏季这里林荫蔽日，田园如画，溪涧萦回，花草缤纷，更有一番迷人的景色。

攀登前行，脚步更有力，看看山景，情绪更振奋。从这儿到那儿，离人群远了，远了，离顶峰近了，近了。我们迅疾地奔跑、跳跃、爬行……宛如一个面壁的探险者，坚强而执着地猛烈撞击现实的墙，要打开一道理想的出路。终于爬上了这个火焰山最高峰。当我们喘息着站在较为平坦的地方时，就深深地体验了深山峡谷神秘难测的幽静，抬起头来，尘世间的一切，都市的喧闹，人群的熙攘都远离了。举目四望，天宽地阔，群山似大海起伏的波涛，一种说不出的冲动涌上心头，竟旁若无人地大喊一声："啊——火焰山——我来了。"山在呼应，地也在呼应。我转身饱吸一口山魂之气，顿觉生命充盈天地，物我两忘，神人不分。当我正沉浸在兴奋之中时，冬季清冽的风已真真实实地扑面而来，当我终于了结了多年来魂牵梦绕的一桩夙愿时，竟百感交集，恍然地有一种如梦似幻的不真实感。她的清纯、她的凝重、她的豁达、她的空灵以及她的神秘、她的多情，使每一个走近她的人都会回眸驻足、心存感激、放声赞叹。我发现火焰山有一种无言的美，博大的美，深沉的美。她令人陶醉，令人神往，那样高尚，那样纯洁……惊喜之余，我的心胸立即变得博大起来，精神为之一振，恍然明白了些什么，却又说不清，唯有心里充溢了莫名的感动和一种超越了自我的巨大幸福……

◉ 传说

火焰山的传说

在鄯善县，民间传说火焰山所处的位置原本是一座花果园，世界上的各种奇异花草、珍稀水果都能在这座大花果园中找到。这座大花果园是一个名叫阿里甫的青年为他所爱的公主而建。

阿里甫是国王卫兵统领。国王知道阿里甫与公主相爱后，要求全国民众共同为两人举办一个为期 41 天的最为隆重的婚礼。

阿里甫与公主的婚礼进行到十几天时，边关传来消息，说有入侵者不宣而战，入境后到处烧杀抢掠。他们的婚礼不得不终止。边关战情紧急，阿里甫没有丝毫犹豫，佩戴上公主赠送的宝剑，快马投奔战场。

三个月后，从前方传来阿里甫和他所率领的队伍全军战死的噩耗。很快，入侵者侵占了全部国土。公主悲愤交加地走进花果园祈祷求助。瞬息间，花果园中升起一座喷着火焰的大山，熊熊的烈焰烧得入侵者死的死、逃的逃，国王重新掌控了自己的国家，但是他却永远失去了心爱的公主。王后将公主曾佩戴过的珠宝洒向天空，本想让珠宝陪公主而去，可是不想大地上、沟谷中却出现了一片片葡萄园，葡萄园中结出的葡萄有大有小、各形各色。

传说吐峪沟大峡谷中五颜六色的岩体就是公主美丽的衣裙，谷底清澈的溪流就是公主的泪水。

桑树的传说

很久以前，鄯善县境内住着一户人家，牧羊人和他的妻子、女儿。女儿聪明、乖巧，已有8岁了。牧羊人还有一匹马、一条狗和一只公鸡。他的房屋周围种满了果树，当果树开始结果时，牧羊人拿出一些树种，把妻子叫到一边，低声说："这是我父母留给我的桑树种子，把它种在果树中间较隐蔽处，桑木很珍贵，用它制作的武器可以除妖灭怪，注意有一个黑怪专门拔桑树苗，要小心提防。"

桑树种子种下后不几年，长出了一根根粗壮的桑树，牧羊人一家高兴极了，但又非常担忧黑怪来捣乱，时刻提防着。

一天，黑怪趁牧羊人不在家偷偷来拔桑树，这时狗叫了，公鸡也叫了，牧羊人的妻子拼命护着桑树，叫马儿去找牧羊人。待牧羊人赶回时，妻子已被黑怪抓去，桑树也被砍断了好几根枝条，牧羊人气极了，本想去追赶黑怪，但想到桑树还在，黑怪肯定不会就此罢休，于是牧羊人就守护着桑树，等候黑怪。没过多久黑怪又来了，狗叫了，公鸡也叫了，牧羊人用斧头砍向黑怪，斧子反弹了回来，牧羊人又顺手拿起被黑怪拔下的桑树砸向黑怪，黑怪全身一哆嗦跑掉了。当天牧羊人就用这棵桑树做了几支弓箭。待黑怪又来时，牧羊人用桑木箭射中黑怪，黑怪负伤逃走。

牧羊人妻子被黑怪抓走后，小女孩非常想念妈妈，并常常站在桑树边掉泪。一次，小女孩的泪珠落在桑叶上，滚来滚去变成了蚕。不久蚕吐出丝来，小女孩用蚕丝织了一块锦。第二年，黑怪又来了，它作起妖法，让沙石砸向牧羊人的桑树、房屋、果木；它用嘴喷火，想烧毁桑木。牧羊人用桑木箭射中黑怪胸部，黑怪逃走。牧羊人骑马追赶，马飞了起来；女孩儿带着狗坐在蚕丝编织的锦上，锦飞了起来；公鸡也长鸣一声，飞了起来，翻过几座山，黑怪进入一个山洞。牧羊人追进洞内，连射几箭，黑怪倒地身亡。女儿跟着找到了被锁在笼子里的妈妈。

牧羊人全家团圆后，他们种桑、养蚕、放羊、织锦，日子过得十分甜美。据说，从麻扎村到洋海村的桑树就是由此发展而来的，桑木可避邪的说法也源于此。

古村名人

麻扎村历史悠久、文化灿烂。在历史长河中，涌现出了许多名人，他们推动了麻扎村的发展，促进了麻扎村经济、文化的繁荣。

麻扎村的名人为麻扎村的文化繁荣和经济社会发展做出了贡献，在麻扎村历史上留下了印记。

人物传略

法慧　女，麴氏高昌国人（生卒年不详），西域法师。法慧自小苦修佛法，早年远赴龟兹出家，修学禅律，后还高昌，住仙窟寺（吐峪沟石窟寺一寺院名称），宣扬小乘，其后又去龟兹，从直月悟道，返还高昌仙窟寺，改行大乘法，推广达摩禅功，开一时风气之先。

克然木·尼亚孜　（1937—2005），男，维吾尔族，麻扎村一组人。为人随和忠厚，对工作认真负责。1956—1957 年，时任第四区（今吐峪沟）队组干部的克然木·尼亚孜负责葡萄高产示范园工作。他兢兢业业，把葡萄高产示范园当家，苦心钻研，精心管理，并对示范园葡萄进行搭架，取得了骄人的业绩。1957 年 12 月，克然木·尼亚孜被评为全国青年劳动模范。克然木·尼亚孜患有哮喘病，经常带病坚持工作，身体每况愈下，老年后病情加剧，于 2005 年离世。

◉ 名人与古村

沮渠安周开窟造塔　沮渠安周（？—460），临松卢水（今甘肃张掖）人，北凉武宣王沮渠蒙逊之子，北凉哀王沮渠牧犍（沮渠茂虔）、河西王沮渠无讳的弟弟，高昌北凉君主，444—460年在位。

沮渠安周笃信佛法，他在吐峪沟大峡谷内大兴凿窟造塔活动，恭身礼佛，并请人抄写经书，署名“大凉王沮渠安周所供养”。尽管沮渠安周在位仅16年，但是他有力推动了高昌佛教文化走向兴盛。

高僧法进力荐兴寺弘法　法进，男，又名道进、法迎，俗姓唐（生卒年不详），原籍凉州张掖，随沮渠氏西迁高昌。法进是一名以身实践佛法的高僧，积极建议沮渠安周兴寺弘法，推动了吐峪沟石窟寺的开凿。在大荒之年，法进热心救济灾民，因力不从心，又自割两股肉让人充饥，直至气绝身亡。法进割肉施众的行动反映了以身殉法的实践，《十六国春秋》详细记录了他的事迹。法进的知名弟子有僧遵、法朗等。

黄文弼考察吐峪沟石窟寺　黄文弼（1893—1966），男，字仲良，湖北汉川人，中国科学院考古研究所研究员，考古学家，西北史地学家。

黄文弼曾四次到新疆考察，对西北史地和新疆考古研究卓有贡献。他曾在吐鲁番附近考察高昌故城遗址、交河故城遗址及吐峪沟石窟寺，发掘雅尔湖的麴氏高昌墓地，在罗布淖尔北岸发现石器时代遗址，发掘汉代烽燧遗址，又在塔里木盆地周围地区进行调查，并著有《吐鲁番考古记》一书。

黄岐成功调解吐峪沟与洋海用水纠纷　黄岐（1918—1991），汉族，河北人，1939年9月参加革命，1942年加入中国共产党。1949年，新疆和平解放前夕，在解放军第六军十六师四十七团一营二连任管理员，随部队入疆。

1950年1月，他被分配到第四区（今吐峪沟乡）参加民主建政。不久任第四区区委书记兼区长。从此，他身背黄挎包，日日走乡串户，访贫问苦，发动群众斗恶霸，修水渠、挖泉眼、掏坎儿井、犁地，发展农业生产。晚上，他跟农户谈心，困了就睡在农户家中。在很短的时间内，他就走遍了全区3个乡、14个村。

从麻扎村纵穿而下的苏贝希河流向洋海村，在解放前，几乎年年都发生苏贝希河用水纠纷，甚至出过人命。黄岐到第四区时正赶上枯水季节，先后发生了几起纠纷。有一次，吐峪沟（现麻扎村区域）、洋海两个乡的群众闹了起来，几百人手拿棍棒、铁锹等农具相持，互不相让，一触即发。在这危急时刻，他赶到现场，耐心劝说双方群众，个别人不听劝阻，煽动闹事，企图将事态扩大，他当机立断，对天鸣枪警告，平息了风波。由于在风波中，有一段水渠已被挖毁，他带着上百名干部和群众抢修水渠，吃住在水渠，两天就通了水。事后，他与两个村的干部群众一同制定用水制度，并把区公所的干部分配到各乡，水到哪里人就跟到哪里，检查落实用水制度执行情况。从此，该地再

雪落麻扎村

未发生因水而产生的打架斗殴现象。

1955 年，他调离四区，本来打算悄悄地走。但消息走漏后，送行的村民越去越多，有的全家出动挽留他，还有的跟着他走了二三十千米，才在他一再劝说下返回。之后，他每次下乡到吐峪沟，都要抽出时间看望一下他日夜牵挂的乡亲们，吐峪沟的村民只要到县城，也都到他的新单位看望他。至今，村内的老人提及黄岐仍会竖起大拇指。

黄彬 摄

孟其凡修建连心路时英勇牺牲 孟其凡，汉族，河南省泌阳县人。1990 年 12 月参军，在新疆军区某红军师工兵营服兵役。1991 年 12 月，参加吐峪沟大峡谷连心路的修建。当时，吐峪沟干部群众和部队官兵共同在火焰山开山拓路。12 月 24 日 18 时左右，战士孟其凡突然发现山顶上有块石头脱落下来，下面正对着班长朱永文。在这万分紧急时刻，孟其凡一把推开班长，而自己却被石头砸中，坠入山崖，壮烈牺牲。

1992 年 1 月 3 日，鄯善县委、县人民政府和孟其凡所在的部队在吐峪沟为孟其凡举办了隆重的追悼大会。新疆人民政府民政厅追认孟其凡为革命烈士，新疆军区某部队党委追认他为中国共产党党员。自治区团委授予其“优秀共青团员”荣誉称号。鄯善县委做出了在全县各族人民中开展“向孟其凡同志学习的决定”，并将修通的道路命名为“连心路”。

大事纪略

历经沧桑的麻扎村，在历史上曾发生过很多重大事件，它们都是麻扎村的深刻印记。

在麻扎村历史上，发生过很多重大事件，它们记录了麻扎村的发展演变，见证了麻扎村的历史进程。

◉ 公元前 60 年麻扎村纳入中华版图

公元前 60 年，西汉在西域设都护府，麻扎村随西域正式纳入中华版图。之后，不断有大量的汉族将士屯田戍守在麻扎村域至高昌故城一带。

◉ 丁谷寺蜚声中原

麹氏高昌国时期，崇佛鲜明，将吐峪沟石窟寺作为王家供奉地，继续开凿石窟，而且还在其他地带舍田造寺。当时，沟谷内除了东西崖壁开凿的众多石窟外，东岸山坡顶有一座最大禅院丁谷寺，东西两岸还有仙窟寺，有高悬空中的虹桥通东岸石窟群，寺院内僧侣众多，高僧辈出，信徒众多，香火旺盛，丁谷寺因此蜚声中原。

◉ 伊斯兰教传入吐峪沟

明洪武十六年（1383），东察合台汗秃黑鲁·帖木儿之子黑的儿火者继位。明洪武二十五年（1392），黑的儿火者攻占吐鲁番盆地，强制吐鲁番盆地的各族百姓信仰伊斯兰教，伊斯兰教传到吐峪沟。

◉ 秃由地面向明朝称臣纳贡

明正统十三年（1448）四月，麻扎区域称秃由地面（即吐峪沟），地面头目马黑木速鲁檀派使者与鲁陈地面（鲁克沁镇）、他地儿地面（铁提尔村）一同向明朝进贡。明景泰初年（1450）左右，秃由地面被吐鲁番地面吞并。

◉ 麻扎村居民东迁瓜州 23 年

清雍正十年（1732），为躲避漠西蒙古准噶尔部的袭扰和虐杀，十月下旬秋收后，麻扎村的居民跟随额敏和卓东迁，到哈密过冬。翌年春，继续东行至甘肃省瓜州。23 年后，乾隆二十年（1755），清军平定达瓦齐之乱，吐鲁番盆地再无漠西蒙古准噶尔部骚扰。翌年秋收后，麻扎村的居民又随额敏和卓回迁，仍居麻扎村。

◉ 吐峪沟石窟寺屡遭盗掠

清光绪年间，吐峪沟石窟寺屡遭盗掠。俄国人雷格尔、罗波洛夫斯基、科兹洛夫、克列门兹等人先后到吐峪沟石窟寺盗掠；德国派阿尔伯特·格伦威德尔和冯·勒柯克等人先后到吐峪沟石窟寺盗掠；日本大谷光瑞探险队派遣橘瑞超和野村荣等到吐峪沟石窟寺考察并盗走大量经文及铜佛像、刻花砖等文物，至今一座佛窟内的墙壁上还留有橘瑞超当时刻下的罪证；英国人斯坦因到吐峪沟石窟寺窃取一些文物。

◉ 连心路修建

1990—1991 年，鄯善县开始修筑麻扎村通往苏贝希村的公路。1992 年 2 月 20 日，鄯善县委、县人民政府在吐峪沟乡召开连心路通车表彰大会。该路段全长 9 千米，为军民共建路。

◉ 2004 年麻扎村并入吐峪沟村

2004 年，吐峪沟乡结合“强村并组”工作，将麻扎村、吐峪沟夏村、英买里村 3 个行政村合并为吐峪沟村。合并后的吐峪沟村总面积 55 平方千米，耕地 3390 亩，共有 850 户 4491 人。

◉ 麻扎村获“中国历史文化名村”等殊荣

2005 年 9 月，麻扎村被建设部和国家文物局确立为“中国历史文化名村”。2013 年，麻扎村被评为“中国传统村落”。2014 年，麻扎村被列为“国家少数民族特色村寨示范村”。

◉ 2006 年吐峪沟石窟寺被列为全国重点文物保护单位

1957 年 1 月，新疆维吾尔自治区人民政府公布吐峪沟石窟寺为首批自治区重点文物保护单位。2006 年 5 月，吐峪沟石窟寺被国务院列为全国重点文物保护单位。

◉ 吐峪沟石窟群和佛寺遗址被列为 2010 年中国考古十大新发现

2010 年，中国社会科学院考古研究所、吐鲁番研究院、龟兹石窟研究院组成考古队，对吐峪沟石窟寺遗址进行科学考古调查和保护性发掘。当年吐峪沟石窟群和佛寺遗址被评为 2010 年中国考古十大新发现。

◉ 吐峪沟景区开发建设

2004 年 4 月 26 日，吐峪沟大峡谷景区建成并举行开放仪式，并于 5 月 1 日正式对外开放。2007 年 8 月 4 日，吐峪沟景区新疆摄影协会列为创作基地。2008 年 5 月 17 日，鄯善县、吐峪沟乡在麻扎村举办的“首届桑葚文化风情旅游节”开幕，截至 2017 年已举办十届。2017 年 3 月 18 日，鄯善县第八届“沙漠之春”旅游文化节暨“花开吐峪沟 · 新疆第一春”首届杏花节在吐峪沟景区开幕。

沟东与沟西石窟间的守望　　徐东良　摄

附录

鄯善县吐峪沟石窟寺遗址暂行管理办法

鄯善县人民政府
2008 年 2 月 5 日

第一条 为加强吐峪沟石窟寺遗址的保护和管理，根据《中华人民共和国文物保护法》及其他有关法律、法规，制定本办法。

第二条 本办法适用于吐峪沟石窟寺遗址的保护和管理活动。

第三条 吐峪沟石窟寺遗址是全国重点文物保护单位。任何单位和个人均有依法保护吐峪沟石窟寺遗址的义务。

第四条 吐峪沟石窟寺遗址所在地文物保护管理机构具体承担对吐峪沟石窟寺遗址的日常检查、养护、修缮、安全保卫等项工作，并定期将有关情况报送上级文物主管部门。

国土资源、建设、规划、环保、旅游、公安等有关行政管理部门按照各自的职责，做好吐峪沟石窟寺遗址保护管理的相关工作。

第五条 吐峪沟石窟寺遗址的保护范围：以文物本体为中心，东界为沟东石窟所在崖体上方的山坡顶端连线；南界为沟西南侧石窟以南 100 米处的山脊连线；西界为沟西石窟山上的现状公路；北界为沟东北侧石窟以北 100 米处。东西宽约 300 米，南北长约 800 米，水平投影面积 19 公顷。

建设控制地带范围：东西方向以两侧山体控制点的连线为界；北端抵吐峪沟沟口；南端以吐峪沟乡索马克村和巴什吐干村之间的东西向道路为界。沿沟谷方向长约 7.5 公里、两侧各宽 1.5 ~ 3 公里，水平投影面积为 29.63 平方公里（含保护范围）。

第六条 禁止在保护范围内存放易燃易爆、放射性物品，有毒和腐蚀性物品、生产生活垃圾以及其他危害吐峪沟石窟寺遗址安全的物品。禁止向保护范围排放污染物。

禁止在保护范围内取土、修渠、耕种、放牧、采石、爆破以及进行其他危害吐峪沟石窟寺遗址安全的活动。

第七条 建设工程选址，应尽可能避开吐峪沟石窟寺遗址保护范围及建设控制地带，因特殊情况不能避开的，应依据相关法律向文物行政管理部门逐级报批，对吐峪沟石窟寺遗址应当实施原址保护。

第八条 因特殊需要，在吐峪沟石窟寺遗址保护范围内进行工程建设的，应当经地区文物主管部门和自治区文物行政管理部门审核后，按国家的有关规定报批。

在建设控制地带新建或者改建建筑物和构筑物的，其设计方案应当征得当地政府文物行政管理部门同意。

新建或者改建建筑物和构筑物不得破坏吐峪沟石窟寺遗址的环境风貌。

第九条 对石窟进行修缮加固，应当尽量保持石窟现存外貌。对壁画、塑像等文物进行修复，应当遵守修旧如旧、不改变原状的原则。

第十条 吐峪沟石窟寺遗址重大修缮工程，应当由吐峪沟遗址保护管理机构制定修缮计划，上报地区文物主管部门及自治区文物行政管理部门审核，并报国家文物行政管理部门审批。修缮计划如有变动应当按原申报程序报批。

修缮工作的全部资料要完整保存，存入档案。

第十一条 洞窟壁画、塑像及馆藏文物的保护管理以及出入库、提取使用等活动，应当严格按照各项管理制度进行，防止文物流失或者损坏。

第十二条 文物藏品应当存放在固定的专用库房，并由专人管理。库房应当配备防火、防盗、防潮、防风沙等设施。

第十三条 吐峪沟石窟寺遗址的考古、文物调查、石窟测绘、维修的原始材料（包括文字记录、图纸、照片、录像）、实物标本等，吐峪沟文物保护管理机构应当确定专人保管，并负责国内外石窟考古情况的收集和整理工作。

第十四条 有关单位或者个人如需查阅、引用吐峪沟文物保护管理机构有关吐峪沟石窟寺遗址未发表的研究资料，应当先征得地区文物主管部门的同意。

第十五条 在吐峪沟石窟寺遗址进行考古发掘、考古调查活动，应当按照国家文物行政管理部门发布的《考古发掘管理办法》的有关规定执行。

对吐峪沟石窟寺遗址的考古、维修、修复、壁画临摹、资料整理等各项业务活动，吐峪沟文物保护管理机构应当根据实际情况，选择学术研究课题，制定科研规划，积极开展国内外学术交流与合作，组织编写学术资料和论著。

第十六条 在吐峪沟石窟寺遗址保护范围内从事任何经营活动，必须经当地人民政府文物主管部门以及工商行政管理部门的批准后，方可经营。

第十七条 参观吐峪沟石窟寺遗址应当遵守吐峪沟石窟寺遗址的管理制度，不得擅自攀爬洞窟；不得刻划洞窟山体；不得触摸壁画；不得损毁保护标志或者安全设施，并自觉服从管理。

第十八条 任何单位和个人不得擅自进入洞窟和文物库房拍摄文物。如需拍摄照片以及电影、电视镜头的，应当依照《文物拍摄管理暂行办法》的相关规定经文物行政部门逐级审批。

经批准拍摄的，拍摄者应当与吐峪沟文物保护管理机构签订文物保护协议书并派专人在拍摄现场监护文物。

第十九条 吐峪沟石窟寺遗址保护和维修经费、国内外捐赠的资金和物品以及其他款项，应当按有关规定管理，用于吐峪沟石窟寺遗址的保护和管理，专款专用，并接受财政、审计部门的监督检查。

第二十条 未经批准在吐峪沟石窟寺遗址保护范围内进行工程建设或者在建设控制地带兴建建筑物和构筑物的，由当地人民政府文物行政管理部门及建设行政管理部门责令其停工，并拆除违法建筑物和构筑物。

第二十一条 在吐峪沟石窟寺遗址保护范围内取土、修渠、耕种、放牧、采石、爆破；在保护范围内存放易燃易爆、放射性物品，有毒和腐蚀性物品以及其他危害安全物品的；在文物保护范围内酗酒闹事、破坏景区正常管理秩序的；尚未造成严重后果的，根据

《文物法》有关规定进行处罚；情节特别严重造成文物本体破坏的，依法追究刑事责任。

第二十二条 参观吐峪沟石窟寺遗址的游客，有下列违规行为的，情节严重造成文物本体损毁的，根据《文物法》有关规定进行处罚；情节特别严重，构成犯罪的依法追究刑事责任。

（一）在吐峪沟石窟寺遗址保护范围内随地吐痰、乱扔垃圾、大小便以及其他污染遗址环境的行为；

（二）擅自攀爬洞窟、刻划洞窟山体、触摸壁画的；

（三）损毁文物保护标志或者安全设施的行为；

（四）在文物本体及建筑物、构筑物或者保护设施上涂污、刻划、攀登、张贴的；

（五）擅自进入未开放区域的；

（六）对禁止拍摄的区域或者文物进行拍照、拍摄的；

（七）未经当地文物保护管理机构同意，擅自从文物保护范围入口以外的其他路径进入文物景区参观的；

（八）未经当地文物保护管理机构同意，擅自将大型拍摄器材（三脚架等）带入景区，造成对文物本体破坏的；

第二十三条 未经批准在洞窟或者文物库房拍摄文物；未经批准或者超出批准项目拍摄电影、电视镜头的，当地文物主管部门应当责令其停止拍摄，并可暂扣拍摄的全部或者部分胶片、胶卷。

第二十四条 吐峪沟石窟寺遗址保护管理机构的工作人员玩忽职守、滥用职权造成文物损毁或者流失的，由上级文物行政管理部门依法对负有直接领导责任人员和直接责任人员给予行政处分；构成犯罪的，依法追究刑事责任。

第二十五条 违反本办法应当给予处罚的其他行为，依照《中华人民共和国文物保护法》及有关法律、法规的规定予以处罚。

第二十六条 当事人对行政处罚决定不服的，可依法申请复议或者提起诉讼，当事人在法定期限内不申请复议，也不向人民法院起诉，又不履行处罚决定的，作出处罚决定的行政部门可以依法申请人民法院强制执行。

第二十七条 本办法自发布之日起施行。

◉ 主要参考文献

田卫疆主编：《吐鲁番史》，新疆人民出版社，2004 年。

柏晓主编：《吐鲁番地区志》，新疆人民出版社，2004 年。

石尚忠主编：《鄯善县志》，新疆人民出版社，2001 年。

李肖、陈云华主编：《鄯善文物志》，新疆人民出版社，2008 年。

田卫疆、赵文泉主编：《历史上的鄯善》，新疆人民出版社，2007 年。

田卫疆、赵文泉主编：《鄯善历史文化论集》，新疆人民出版社，2006 年。

周玮、马龙主编：《鄯善民俗》，新疆人民出版社，2006 年。

帕尔哈提·托乎提、李保民主编：《鄯善故事传说》，新疆人民出版社，2006 年。

陈震东主编：《鄯善民居》，新疆人民出版社，2007 年。

中国人民政治协商会议鄯善县委员会编：《鄯善新语》，新疆人民出版社，2014 年。

卢一萍主编：《鄯善：新疆之门》，新疆人民出版社，2008 年。

贾应逸著：《新疆吐峪沟石窟佛教壁画泛论》，载《佛学研究》，1995（4）。

刘学堂著：《车师考古述略》，载《吐鲁番学研究》，2000（1）。

陈国灿著：《鄯善县新发现的一批唐代文书》，载《吐鲁番学研究》，2005（2）。

陈国灿著：《吐鲁番地名的开创期》，载《吐鲁番学研究》，2015（2）。

杨富学、盖佳择：《敦煌吐鲁番摩尼教文献研究述评》，载《吐鲁番学研究》，2015（2）。

◉ 编纂始末

翻阅了多少个铅字文本，熬过了多少个不眠之夜，当志书按照专家修改意见终于完成时，心里的一块巨石才慢慢落地。饱含着各级方志部门领导干部的关心关注和大力支持，倾注着县委、县政府主要领导的无限关怀和诸多精力，我们责无旁贷。

麻扎村历史悠久，文化厚重辉煌，距今至少有 2800 多年的历史。2017 年，鄯善县吐峪沟乡麻扎村入选首批中国名村志文化工程。县委、县政府高度重视《中国名村志丛书·麻扎村志》的编写工作，主要领导亲自协调，全力支持。同时，成立由县委书记孙忠任主任，县委副书记、县长艾尔肯·买买提及分管县领导任副主任的《中国名村志丛书·麻扎村志》编纂委员会，并要求吐峪沟乡和相关单位全力配合《中国名村志丛书·麻扎村志》的编写。为了确保《中国名村志丛书·麻扎村志》编写工作高效有序开展，县委史志办具体承担村志总纂任务，并聘请县史志办退休的一名老干部参与志书资料搜集和相关资料的编纂。同时，吐峪沟乡也专门组建材料收集领导小组，选派熟悉麻扎村情和吐峪沟景区情况的刘智元专门负责村志部分资料的收集和撰写工作。

编写《中国名村志丛书·麻扎村志》是鄯善县政治文化生活的一件大事，也是抢救和保存麻扎村历史资源并展示其基本发展概貌的一项开拓性工程。为了完成这项历史使命，我们把了解掌握第一手资料作为重中之重，除协调吐峪沟乡、县住房和城乡建设局、旅游文物局等相关单位配合开展资料收集外，还先后六次到吐鲁番市文物局、吐鲁番学研究院、吐鲁番市文联收集麻扎村历史文化和文物古迹等方面的资料。我们专门到麻扎村驻村入户开展调查访谈，深入了解掌握麻扎村独特的风土人情，而后又根据志书编纂情况，先后数次到麻扎村及吐峪沟乡，通过入户访谈和座谈等形式收集和印证相关资料。

为更好地体现麻扎村丰富的历史文化和其他方面的“名”与“特”，我们按照中国地方志指导小组办公室和新疆维吾尔自治区地方志编纂委员会的要求，先后多次对志书篇目进行调整、补充和修改。5月初，《中国名村志丛书·麻扎村志》初稿初步完成，新疆维吾尔自治区地方志编纂委员会党组书记、副主任廖运建、地县处处长张权以及副处长宋水平，对《中国名村志丛书·麻扎村志》篇目和内容再次进行调整。6月14日，吐鲁番市委史志办主任闻涛对《中国名村志丛书·麻扎村志》篇目设计、总体布局以及志书内容进行指导。6月29日，新疆维吾尔自治区地方志编纂委员会在鄯善县召开《中国名村志丛书·麻扎村志》评审会。7月初和9月初，我们先后根据不同专家提出的修改意见，再次收集资料、反复印证资料，不断对篇目和内容进行调整补充和反复审改。在编写过程中，全体编纂人员以对党负责、对人民负责、对历史负责的高度责任感和使命感，查阅大量资料，访老问贤，比较鉴别，删繁就简，去伪存真，力求编写出符合要求的特色志书。

《中国名村志丛书·麻扎村志》的编修，自始至终受到新疆维吾尔自治区地方志编纂委员会、吐鲁番市史志办的关心和支持。编纂期间，自治区地方志编纂委员会党组书记、副主任廖运建，多次亲临鄯善县，做动员讲话，并亲自指导志书编写、审定相关工作。吐鲁番市史志办主任闻涛亲自过问、经常了解、掌握进度，及时协调解决相关问题。在《中国名村志丛书·麻扎村志》编写期间，县委书记孙忠给予了高度关注和极大支持，多次帮助解决志书编写中的实际困难，使《中国名村志丛书·麻扎村志》编写工作得以顺利进行。吐鲁番市文物局、吐鲁番学研究院、吐鲁番市文联、鄯善县文物局、鄯善县住房和城乡建设局等相关单位也积极给予大力支持，及时提供相关图片资料，确保志书编写任务如期完成。同时，也得到了社会人士和部分退休老干部的大力支持。在此，谨代表《中国名村志丛书·麻扎村志》编纂委员会向他们表示崇高的敬意和衷心的感谢。因本书中所选照片及诗词众多，部分作品未能在出版前及时联系到著作权人，请著作权人看到后与我们联系，我们将奉上稿酬。

由于缺少编纂经验，且麻扎村历史发展资料极为匮乏，给编写工作带来一定的困难。加上时间紧及编者能力素质所限，志书难免有疏误遗漏之处，恳请广大读者给予谅解和批评指正。

编　者

2017年9月